KiWi 536

Über das Buch

Als Konstantin Wecker Ende 1995 verhaftet wurde, hatte er Jahre schwerster Kokainabhängigkeit hinter sich. Er war physisch und psychisch am Ende. Das Gericht verurteilte ihn zu 2 ½ Jahren Gefängnis ohne Bewährung.

Wecker ist seither in Hunderten von Konzerten seinem Publikum gegenübergetreten – als ein anderer, äußerlich wie innerlich. Viele Menschen haben sich an ihn gewandt – so auch der Verband Bayerischer Nervenärzte. Sie baten ihn um einen Vortrag zum Thema *Drogenabhängigkeit aus der Sicht eines Betroffenen*.

Grundlage dieses Bandes ist Weckers Rede. Er hat sie ergänzt um Autobiographisches, Gedanken zum Thema Künstler und Drogen, Spiritualität als eine Form von Droge, die Gefahren des Erfolges und der falschen Freunde, die Kostbarkeit der Zeit im Älterwerden, und hat seinem Text Dokumente zum Thema hinzugefügt. Es entstand so ein Band, der zum Nachdenken anregt über den Umgang unserer Gesellschaft mit Drogen und Süchtigen und das Hilfe statt Kriminalisierung und Verurteilung fordert.

Der Autor

Konstantin Wecker, geb. 1947, Sänger, Komponist, Autor (Prosa und Lyrik), Schauspieler. Studium an der Musikhochschule und an der Universität München. Seit 1972 zahlreiche LPs, Filmmusiken, Konzerte. 1977 Deutscher Kleinkunstpreis, 1978 Deutscher Schallplattenpreis, 1985 Südwestfunk-Liederpreis, 1995 Kurt-Tucholsky-Preis.

Veröffentlichungen

»Uferlos«, 1992. »Sage nein!«, KiWi 299, 1993. »Und die Seele nach außen kehren«, KiWi 327, 1993. »Schmerzvoll lebendig«, KiWi 483, 1998.

Konstantin Wecker

Es gibt kein Leben ohne Tod

Nachdenken
über Glück, Abhängigkeit
und eine andere Drogenpolitik

Kiepenheuer & Witsch

1. Auflage 1999

© 1999 by Verlag Kiepenheuer & Witsch, Köln
Umschlaggestaltung Philipp Starke, Hamburg
Umschlagfoto © BMG Ariola-Global/Thomas Karsten
Satz Dörlemann Satz, Lemförde
Druck und Bindearbeiten Clausen & Bosse, Leck
ISBN 3-462-02817-0

Inhalt

Vorwort
9

Drogenabhängigkeit aus
der Sicht eines Betroffenen
13

Gedanken danach
53

Anhang
81

Literatur
120

Vorwort

Es gibt viele gute Bücher über Drogen und Sucht. Warum noch eines mehr?

Legitimiert einen die eigene, langjährige und schmerzvolle Erfahrung mit dem Thema, dieser bunten Palette noch eine Farbe hinzuzufügen?

Ich hoffe schon. Denn ich durfte erleben, daß viele Süchtige und Therapeuten große Anteilnahme zeigten an einem Vortrag, den ich im November 1997 in der Kopfklinik Erlangen, anläßlich der Jahrestagung der Bayerischen Nervenärzte, gehalten hatte.

Der Vortrag löste großes Interesse aus. In zahlreichen Briefen wurde ich von Therapiezentren, Suchthilfen und Privatleuten gebeten, mich weiter zu diesem Thema zu äußern. Auch im *Spiegel* erschien ein auszugsweiser Abdruck, und ich wurde, unter anderem, einige Monate später zu einer Lesung bei den »Goldegger Dialogen« eingeladen, einem Workshop mit Ärzten und Psychotherapeuten in Wien, und im Januar 1999 wird, in Zusammenarbeit mit dem C.G. Jung-Institut in Salzburg, ein Symposion stattfinden, an dem ich mitwirkend teilnehmen werde.

Diese Rede ist das Kernstück des Buches, dem ich, basierend auf der Erfahrung meines Berufungsprozesses und eines weiteren Jahres Abstinenz, noch einige Reflexionen hinzugefügt habe (sowie im Anhang einige interessante Dokumente und Texte anderer Autoren, auf die ich während meiner Recherchen gestoßen bin).

Ursprünglich war meine Arbeit ausdrücklich für ein Fachpublikum verfaßt und nie für eine Publikation vorgesehen. Weil mir allerdings von vielen Ärzten und Betroffenen eine Veröffentlichung nahegelegt wurde, habe ich mich schließlich dazu entschlossen, diese zum Teil sehr persönlichen Bekenntnisse vorzulegen. Sie sind das Dokument einer Suchtkrankheit und des Versuchs ihrer Bewältigung. Einer Suchtkrankheit, die mir mehr und mehr ein Symbol zu sein scheint für ein tiefes Unbehagen am Leben, eine schwere Sinneskrise.

Fast drei Jahre sind nun seit meinem letzten Zug aus der Crack-Pfeife vergangen, und ab und an scheint es mir immer noch so, als würde ich langsam aus einem Albtraum erwachen. Immer noch entdecken sich mir Bilder, die ich vor mir verborgen halten wollte und die zu enthüllen ich mir anscheinend nur bruchstückweise gestatte.

Was habe ich nicht alles versäumt in mir zu gestalten in dieser Zeit.

Wie wenig habe ich gesehen von dem, was ich angeschaut hatte.

Und nun entdecke ich mit meinem zweijährigen Sohn das Sehen wieder neu. Und das Betrachten. Und das Verweilen. Und das Innehalten.

10

Seine Lust, alles neu Erlernte ständig zu wiederholen, damit es auch wirklich in ihm zu leben beginnt, zeigt mir, wie flüchtig man geworden ist. Seine Freude an gewöhnlichen Ereignissen, die mir schon lange gleichgültig geworden waren, lehrt mich, wie abgehetzt man dem Leben doch hinterherrennt. Und während mein Sohn die Erziehung seines Vaters in die Hand nimmt, lerne ich endlich wieder so herzhaft wie früher zu lachen.

Oft wurde ich in den letzten zwei Jahren nicht ohne eine gewisse Häme gefragt, ob ich denn nun vom bösen Buben zum tugendhaften Büßer, gar zum eifernden Missionar mutiert sei.

Die Frage kann ich gut verstehen, aber ich konnte mich darum, ehrlich gesagt, nicht so recht kümmern, denn erst einmal hatte ich alle Hände voll zu tun, von den Toten zu den Lebenden zurückzukehren. Und jetzt habe ich, wie es aussieht, erneut die Kraft und den klaren Verstand, durchaus wieder, wenn nötig, zum bösen Buben zu werden.

Bleibt mir noch Dank zu sagen an meine Frau und meinen Sohn für ihre Geduld und ihr Lachen; an meine Mutter für ihr Vertrauen; an meinen Vater für seine Toleranz; an meine Schwiegereltern für die Hilfe in der Not; an Dr. Mösler, der mich zu dem Vortrag ermutigt hat; an meinen Anwalt Steffen Ufer für sein engagiertes Eintreten; an Christoph, Günter, Thesi und Manfred und an die anderen mir bekannten und unbekannten Freundinnen und Freunde dafür, daß sie mich in den letzten Jahren und manchmal sogar in der Zeit davor ertragen und getragen haben. Und Dank natürlich auch an mein Publikum, das mir und meinen Liedern über all die vielen Jahre so treu geblieben ist.

Rimortini, den 23. 10. 98

Drogenabhängigkeit aus der Sicht eines Betroffenen

Vortrag zur 71. Jahrestagung der Bayerischen
Nervenärzte, gehalten am 8. November 1997
im Kopfklinikum, Erlangen

Noch vor gut einem Jahr war mir das Herz so voll, und
es brannte mir auf der Zunge, von meiner Krankheit zu
erzählen, von Sucht und Wahn, Katastrophe und Ka-
tharsis, wie man von Kriegserlebnissen zu berichten
brennt oder von Flutwellen und Erdbeben, von Erschüt-
terungen eben, die sich ereignen, die einem passieren,
wie aus geheimem Weltenbeschluß heraus. Dummer-
weise habe ich gerade damals noch so manchen das
Herz ausgeschüttet. Nun leben wir nicht gerade in einer
Gesellschaft, die sich dem Herzenserguß eines Geschei-
terten liebevoll und zurückhaltend nähert oder einen
offensichtlich Rekonvaleszenten fürsorglich betreut,
schon gar nicht, wenn er zu genesen hat von einer Lebensweise, die nicht ungeeignet war, klammheimlich
Neid zu erzeugen. Das nun habe ich schmerzlich zu
spüren bekommen, so logisch und folgerichtig es mir
heute auch erscheinen mag.

Mittlerweile weise ich diesen unergründlichen »Weltenbeschluß« meiner systematischen Selbstzerstörung
zu, die wie so viele Zerstörungen geboren wurde auch
aus einer großen Sehnsucht heraus, Sinn zu erfahren
und meinem Sein zuzuordnen. Und nun, nachdem ich
ein Jahr geschwiegen habe und darüber hinaus auch

13

weiterhin mit Krankheitsberichten sehr geizig umzugehen gedenke, fällt es mir eher schwer, meine Seele *coram publico* zu beschauen. Denn ich gebe sie damit nicht nur Ihnen, sondern auch einer Öffentlichkeit preis, die an Kontexten und Zusammenhängen nie so interessiert ist wie an zu Schlagzeilen ausschlachtbaren, schlüpfrigen Details.

Viele mögen sich wohl gefragt haben, weshalb ich selbst denn auch noch soviel dazu beigetragen habe, Einzelheiten meiner Sucht und meiner daraus resultierenden Paranoia publik zu machen – und ich möchte ihnen mit einer Gegenfrage antworten: Wie anders, glauben Sie, macht man der bayrischen Justiz klar, daß es möglich sein kann, über 1 Kilo Kokain im Laufe eines Jahres selbst zu konsumieren und keinen Handel damit zu treiben? Trotzdem haben all diese für mich sicher auch oft im Rückerleben quälenden Ergüsse den vom Gericht bestellten psychiatrischen Gutachter nicht dazu bewegen können, mir völlige Unzurechnungsfähigkeit zu attestieren.

Interessant war, nebenbei erwähnt, zu erleben, wie weit unsere Gesellschaft noch davon entfernt ist, Sucht als Krankheit zu sehen. Was auch immer in meinem Prozeß an Wahnvorstellungen, die mir bis dahin teilweise erschreckend unbekannt waren, von Zeugen geschildert wurde – es eignete sich höchstens dazu, in irgendwelchen Blödelshows und Boulevardmagazinen dem öffentlichen Hohn preisgegeben zu werden. Von den meisten Magazinen wurde ich interviewt. Nur eines war fair genug, das Gespräch wörtlich zu drucken und mich gegenlesen zu lassen. Die anderen wollten sich in ihrer vorgefaßten Meinung durch mich nicht behindern lassen.

Ich würde Ihnen das sicher nicht erzählen, wenn eben diese Medien bei meiner Genesung nicht eine entscheidende Rolle gespielt hätten. Denn je lieber man mich im Straßengraben hatte sehen wollen, je mehr man sich einen zweiten Fall Juhnke erhoffte, desto stärker wurde mein Wille, *diesen* Gefallen niemandem zu erweisen. Hatte ich mich anfangs noch von allen verlassen gefühlt in meinem Entzugsschmerz, mit meinen finanziellen Problemen, so hat mich doch endlich eben dieses Alleinsein gestärkt in meinem unbedingten Glauben daran, nicht mehr rückfällig zu werden.

»Liebes Leben fang mich ein
halt mich an die Erde
kann doch was ich bin nur sein
wenn ich es auch werde.

Gib mir Tränen, gib mir Mut
und von allem mehr
mach mich böse, mach mich gut
nur nie ungefähr.

Liebes Leben, abgemacht,
darfst mir nicht verfliegen
hab noch soviel Mitternacht
sprachlos vor mir liegen.«

Seit ich mein liebevolles und freigeistiges Elternhaus, nach einigen Ausbruchversuchen, verlassen hatte und mich mit Leib und Seele dem Beruf des Musikanten, Gedichteschreibers und Bänkelsängers verschrieb, habe ich mich damit auch der Ekstase verschrieben. Ekstase ist nun mal die einzige Möglichkeit, um der Enge des Körpers kurz zu entwachsen und sich verbunden zu spüren mit allem, was ist. Ich berauschte mich an allem, an Gottfried Benn wie an »Brunello di Montalcino«, an den »Liedern eines fahrenden Gesellen« wie an einem Gramm reinsten bolivianischen Kokains, an Che Guevara wie an magic mushrooms, an Fellini und Trotzki, an Frauen, Mädchen und Weibern und ihrem für mich damals so anderen und unerklärlichen Sein, berauschte mich am Denken und am Nichtdenken, an Liebe und Tod, Auferstehung und dem heiligen Gral – ich

16

habe in klaren Momenten gearbeitet, in benebelten ge-
feiert, manchmal auch umgekehrt, bin geschwebt und
gefallen, habe mich oft verrannt, aber mich nie verkauft, habe mit der Realität gefochten und mich dann
immer wieder mal in andere Welten und Wirklichkeiten katapultiert, bin in mich eingestiegen, bin aus
mir ausgestiegen und habe dabei auch die verbotenen
Früchte genossen, wie andere hierzulande mit dem
Alkohol ihr Spiel treiben oder, besser gesagt, den Alkohol sein Spiel mit ihnen treiben lassen – alles in dem
festen Bewußtsein, mich und Rausch und Wahrheit
und Wahn im Griff zu haben.

Ein pralles Leben, vielleicht etwas deutlich gelebt,
aber von der Idee her nichts Außergewöhnliches, wie
ich glaube. Oft habe ich einfach das gelebt, was sich
manch anderer insgeheim wünschte. Der liebe Gott
hat mir eine kräftige Konstitution mit auf den Lebens-
weg gegeben. Diesen Vorschuß habe ich oft schamlos
ausgenutzt, aber ich habe mich nach Maßgabe dessen,
was mir an Einsicht gegeben war, stets redlich bemüht,
meine Seele nicht zu verraten.

Immer war ich der Meinung, und das hat sich bis
heute nicht geändert, daß Moral nur von Wert sei,
wenn man sie in sich selbst entdeckt und als Wahrheit erfährt. Ich wollte und konnte den starren moralischen Geboten welchen Systems auch immer nicht
folgen.

»Ach wer auf Häuser baut, den schreckt jedes Beben
wer sich den Banken verschreibt, den erstickt ihre Macht
wer seinem Staat vertraut, der muß damit leben
daß, was heute noch Recht ist, oft Unrecht wird über Nacht.«

Diese Zeilen habe ich geschrieben, bevor sie von unserer jüngsten deutschen Geschichte so eindrucksvoll bestätigt wurden. Je älter ich wurde, je weniger ich in politische Heilssysteme auch nur einen Funken Hoffnung setzen konnte, um so heftiger beseelte mich das Verlangen, die Widrigkeiten, die sich mir auf der Suche nach Sinn von außen in den Weg stellten, als unentdeckte und unerfüllte Sehnsüchte und Aggressionen in mir selbst aufzustöbern.

Dabei hilft einem natürlich die Inspiration, dieser wunderbare, dem Denken entwachsene Dämmerzustand, in dem Töne und Sprachbilder dich überfluten, wie einem anderen Daseinskreis entsprungen, Sätze, die aus dem Innersten der Seele steigen, als gehörten sie einem gar nicht selbst und geben doch die einzig wahrhaftige Auskunft über das eigene Selbst. Und, wehe, dieses Geschenk der intuitiven Schau ist plötzlich nicht mehr da. Wie quält man sich, Sätze zu *erdenken* und Melodien, Klänge, die sich einem doch immer nur nach ihrem eigenen Gutdünken aus der Matrix der Stille offenbaren wollen.

In solchen Schweigezeiten ist man nur allzu versucht, sich künstlicher Paradiese zu bedienen, und wie sollte man da noch achten auf so belanglose Risiken wie finanziellen oder körperlichen Verfall? Das mag ein Grund gewesen sein, mich immer tiefer in die Verlockungen der Drogen zu stürzen. Aber sicher spielten auch ganz profane Gründe wie Genuß- und Großmannssucht, oberflächlicher Zeitvertreib und Ablenkung eine nicht unerhebliche Rolle. Ich weiß wohl um die Gefahr, sich im Nachhinein gerne zu heroisieren, aber auch dem gesellschaftlichen Zwang zu unterliegen, hehre Ideen um des bescheidenen Ansehens willen herunterzuspielen. Bescheidenheit ist nur dann eine Zier, wenn sie nicht großmäulig ausgespielt wird, sonst wird sie schnell zum Beschiß.

Von dem Moment an, da man mich auf mein intensives Drängen hin in die Herstellung von Kokainbase eingewiesen hatte, veränderte sich mein Leben. Die durchaus erträgliche Leichtigkeit des Seins verwandelte sich in die Bürde des Daseins. Aus Geistern, die man rief, wurden Dämonen.

Als im November 1995 zehn Beamte des BKA meine Villa im Münchner Nobelvorort Grünwald stürmten, hatte etwas in mir mit dem Leben bereits abgeschlossen. Die Miete des kalten Luxusanwesens war schon seit Monaten nicht mehr bezahlt, und selbst meinen Dealer versuchte ich mit ungedeckten Schecks zu vertrösten.

Wie konnte ein Mensch, der immer die Nähe zu den einfachen Menschen gesucht hatte, sich so hinter den Mauern eines Eispalastes verstecken, in einer Gegend, in der man gerade mal kurz vor Weihnachten den Chauffeur der Nachbarn zu Gesicht bekommt?

Wie konnte es passieren, daß ein Sommer-, Sonnen- und Lebenshungriger seine letzte Hoffnung in den Ausbruch eines Krieges, ein Erdbeben oder in einen Herzinfarkt legte?

Oder, um die unausweichliche Frage aller Kranken zu stellen – wie konnte das ausgerechnet mir passieren?

»Frühling werds, und ois wui wieder himmelwärts
was is des für a schöner Schmerz
in Bauch und Brust und Herz ...«

Dieses Lied schrieb ich, als ich mich fast das ganze Frühjahr und den darauffolgenden glühendheißen Sommer in einem Keller verbarrikadiert hatte, in dem sich mein Tonstudio befand, ängstlich darauf bedacht, jedem Funken Sonnenlicht, jedem Anhauch von Wärme zu untersagen, meine Augen oder gar mein Herz zu berühren.

Außer dem Schreiben einiger Zeilen wie diesen, geboren aus einer Sehnsucht, die sich in einer abgelegenen Kammer meiner Seele noch gegen die Versteinerung wehrte, außer einigen flüchtig hinskizzierten Melodien war ich fast ausschließlich mit »Backen« beschäftigt, so sehr ich mir auch einzureden versuchte, mich an bedeutenden künstlerischen Werken aufzureiben.

»Backen« ist die euphemistische Beschreibung der zeit-, kosten- und nervenzerrüttenden Verarbeitung von Kokainpulver zu rauchfertiger Base.

Nachdem ich einige Jahre mehr oder weniger heftig Kokain geschnupft hatte, immer der Meinung – wie so viele Schnupfer – die Droge eigentlich im Griff zu haben, weihten mich einige Herren aus dem Milieu in die hohe Kunst des Basens ein.

Da im Zusammenhang mit meinem Prozeß soviel mies recherchierte scheinwissenschaftliche Berichte über diese in Deutschland relativ neue Droge durch die Blätter- und Bilderwälder rauschten, möchte ich Ihnen nun die Gelegenheit geben, einige grundlegende Fakten aus erster Hand zu erfahren.

Ich habe es bis heute stets vermieden, eine genaue Anleitung zur Herstellung von Kokainbase zu geben, aber hier und heute, vor Fachleuten, halte ich es einfach für notwendig, um klarzustellen, daß es sich um eine eigentlich neue Droge handelt, die in ihrer Wirkung mit dem bloßen Schnupfen von Kokain nicht zu vergleichen ist. Selbst dem bayrischen Gericht scheint dieser Unterschied noch weitgehend unbekannt zu sein.

Man vermengt den Inhalt eines Briefchens Kokain (etwa 1 Gramm) mit etwas Haushaltsnatron, gibt einige Tropfen Wasser hinzu und erhitzt die Mischung in einem Suppenlöffel über einem Gasfeuerzeug oder einem Bunsenbrenner. Es sollte sich sodann ein sämiger, sich schnell erhärtender, zum Rauchen geeigneter Klumpen bilden, dessen Größe mit der Reinheit des Kokains zusammenhängt. Was hier so nüchtern beschrieben ist, besetzt schon nach kurzer Zeit das Leben, und man sinnt Tag und Nacht nur noch auf neue, effektivere Methoden zu backen, ist nur noch damit beschäftigt, sich mit Werkzeug einzudecken wie Bunsenbrennern und Aluminiumlöffeln, Döschen zur Aufbewahrung – und, last not least, Pfeifen aller Art. Man kann das mehr oder weniger gelungene Produkt in Wasserpfeifen oder in kleinen, kurzen Metallpfeifchen rauchen, auf mit Silberpapier abgedeckten wassergefüllten Gläsern – ich bevorzugte Haschpfeifen, deren

Köpfe ich mit Asche füllte, da sich darauf das Bröckchen besser abbrennen läßt.

Der Kick des ersten voll durchgezogenen Zuges ist so gigantisch, daß man ihn nie mehr vergißt und sich der sofortige Wunsch, nein, die unbedingte Notwendigkeit, ihn auf der Stelle zu wiederholen, für immer ins Hirn programmiert.

Die größte Gemeinheit aller Drogen ist wohl, daß sich das erste gelungene Mal nie mehr wiederholen läßt und man sich anschließend eigentlich nur noch auf der Suche nach diesem verlorenen Glück befindet.

Die Gier nach einem geglückten Zug aus der Pfeife auf den nächsten ist mit nichts vergleichbar. Diese Droge ist wirklich eine moderne Droge – sie läßt einem nicht mal Zeit, den ersehnten Kick zu genießen, da es einen schon währenddessen dazu treibt, den nächsten Zug aufzubereiten. Und weil man sich das Produkt ja selbst äußerst laienhaft herstellt, fällt das Ergebnis immer anders aus. Mal macht es ruhiger, mal speediger, mal lähmt es einen kurz, mal reißt es einem die Schädeldecke auf – als wären die Wirkungen aller Drogen dieser Welt in dieser einen enthalten. Was anfangs noch spielerischer Austausch ist von Erfahrungen, die verschiedenen Zubereitungsmethoden betreffend, wird schon bald zur Obsession. Tag und Nacht wird experimentiert und geraucht, geraucht und experimentiert. Manche aus der Szene schwören auf Ammoniak statt Natron, neueste Meldungen warnen vor Silberlöffeln, irgendeiner hat sich beim Aufkochen das Gesicht verbrannt, die Hände verätzt, dazwischen wieder Atemlähmung, Herzstillstand, und bei all dem Verschleiß des Grundstoffes wird es bald zur Selbstverständlichkeit, wenigstens hundert Gramm Koks im Haus zu haben, um den nächsten zwei, drei Tagen einigermaßen beruhigt entgegensehen zu können.

Bald traut man dem besten Freund nicht mehr, man versteckt seine Droge nicht mehr vor der Polizei, sondern nur noch vor Mitbewohnern und Eindringlingen. Jeder ist ein Feind, der einem an das Leben will: an den nächsten Kick nämlich, den einen ultimativen Zug, der einen mit allem Stress versöhnt, für ein paar Sekunden ins Nirvana katapultiert.

Bei einem guten LSD-Trip bist du 12 Stunden, manchmal länger auf der Reise. Ein Heroinschuß läßt dich ein paar Stunden die Entzugsangst vergessen. Nach einem Näschen kann man manchmal sogar prächtig einschlafen. Die Gier nach einem Zug aus der Basepfeife aber läßt dich alle paar Minuten erneut zum Monster werden.

Nichts führt einem die Unmöglichkeit, sich Glück erkaufen zu können, deutlicher vor Augen. Und keiner Erkenntnis steht man blinder gegenüber als genau dieser. Ich war immer ein Verfechter der rituellen Einnahme bewußtseinserweiternder Mittel, da diese Einblicke in die Wirklichkeit, über die Beschränktheit unserer Realität hinaus, allerdings unter strenger Anleitung eines geistigen Führers, unser Leben genau da bereichern könnten, wo wir derzeit so verarmt sind: im geistigen Reich. Und die so schrecklich kommerzialisierte ungeheure Sehnsucht der heutigen Jugend nach Trance und Vergessen rührt aus dem Verlangen nach Spiritualität, nach dem Göttlichen, das wir uns aberzogen haben. Sicher ist dieses Göttliche in uns letztendlich nur durch stille Einkehr und beständiges Üben zu ertasten, aber als Anstoß dorthin kann uns ein Trip in die tieferen Bereiche der Seele und des Seins durchaus hilfreich sein.

Wie schnell wurde etwa Aldous Huxley vergessen, um nur einen der vielen Intellektuellen zu nennen, die in den 60er Jahren für das Recht erwachsener Menschen eintraten, ihren Horizont mit Hilfe von Drogen zu erweitern; die sich teilweise einsperren ließen, weil sie den Menschen Einblicke in andere Sichtweisen gewähren wollten. Wie leicht werden solche Diskussionen verdrängt in einer Gesellschaft, deren Ziel eher mediale Verblödung im Sinne einer »brave new world« zu sein scheint als ein für Frieden, Ökologie und Mitgefühl erweitertes Bewußtsein.

Allerdings zeigt mir meine eigene Geschichte allzu deutlich, wie wenig der Drogenkonsum gerade in unserer jetzigen Gesellschaft mit einer heiligen Handlung zu tun hat, und ich habe zu lange Zauberlehrling gespielt, als daß es mir noch einmal möglich sein wird, mit Alkaloiden zu experimentieren, in welcher sakralen oder trivialen Form auch immer. Ich habe mich dafür entschieden, meine weiteren geistigen Abenteuer endogen, in der stillen Abgeschiedenheit des inneren Erlebens, zu erzeugen. Aber dazu später mehr.

Was auch immer Sie über die Wirkung des Kokain gehört, gelesen oder – *horribile dictu* – selbst erfahren haben mögen: Kokain ist der Grundstoff von Base, aber ansonsten nicht damit zu vergleichen.

Base ist Junk, das hat nichts mehr zu tun mit einer Partydroge, das hat nichts Schickes mehr an sich, da kann man sich nicht mehr kurz auf dem Klo im Nachtcafé verabreden, da wagt man sich nicht mehr unter die Leute.

Was für ein Stress war das, wenn ich noch ab und zu aus beruflichen Gründen außer Haus mußte, zu Dreharbeiten zum Beispiel. Ich hatte Bröckchen vorzubakken, Bunsenbrenner einzustecken, Pfeifchen zu präparieren, aber während all dieser Präparationen durfte natürlich mein Konsum nicht zu kurz kommen, was bedeutete, daß die Vorbereitungen, für ein paar Stunden außer Haus zu gehen, oft eine ganze Nacht beanspruchten. Da ich alle 10 Minuten meinen Zug brauchte, um nicht völlig durchzudrehen, mußte ich alle möglichen Ausreden ersinnen, um immer wieder vom Set in eine dunkle Ecke verschwinden zu können. Blasenschwäche, Kreislaufprobleme, Telefonate mit notleidenden Verwandten – was für ein Netz aus Lug und Trug, das natürlich jeder um so mehr durchschaute, als ich mich früher solcher gesellschaftsfähiger Lügen äußerst selten bedient hatte. Jeder, der diesen aufgedunsenen, stark vorgealterten Mann genau ansah, wußte, daß er irgendeiner Sucht anheimgefallen war. Nur welchem Laster ich wirklich frönte, wußte niemand genau.

Und welches Entsetzen, wenn nur noch ein paar Gramm im Haus waren. Wände wurden aufgeschlagen, hinter denen ich Depots vermutete, verschüttete alte Brocken vom Teppichboden gekratzt, Möbel zerfetzt in der Hoffnung, Reste zu finden – wie unwürdig, wie ekelte ich mich vor mir selbst. Ich liebte meinen Dealer, der mich sehr fair belieferte, und als ich ihm vor Gericht Anstand bescheinigte, kam das von Herzen. Wenn seine Frau uns nicht verpfiffen hätte, ich hätte ihn nicht verraten.

Irgendwann wird die Sucht so lebensbestimmend, daß die Illegalität nichts Reales mehr an sich hat.

Ich weiß, daß meine *confessiones* bei Ihnen in fachkundigen Händen aufgehoben sind. Sie haben, wie ich hoffe, aus innerer Berufung heraus nicht nur Interesse, sondern auch Verständnis für die Wirren der Psyche, für die Abgründe der Seele. Dennoch bin ich etwas scheu geworden, nicht allein der gierig auf Obszönitäten lauernden Öffentlichkeit wegen, sondern auch aus Gründen der Selbstheilung.

Als ich vor vielen Jahren in meinem Roman »Uferlos« allzu tief eintauchte in die Erlebnisse meiner Sucht – wohlgemerkt, ich habe das ganze Werk in einer absolut cleanen Phase geschrieben, kein Alk, kein Koks, kein Sex –, habe ich mich so sehr erneut in die Abgründe dieser Zeit verliebt, daß ich mir nach getaner Arbeit erst mal wieder ein Näschen gönnte. Und der *circulus vitiosus* nahm seinen Anfang bis zum besagten Inferno.

Überhaupt glaube ich, das Schicksal stößt einen mit erbarmungsloser Gewalt immer wieder auf die gleichen Fehler, auf immer gewaltigeren Wogen, bis man bereit ist, sein Leben zu ändern, oder es eben beenden muß. Was ich damals, vor vielen Jahren, nicht einsehen wollte, wurde mir nun, eine Stufe härter, als leidvolle Schulung auferzwungen.

Nun bin ich nicht mehr willens, mich in meine eigenen Abenteuer derart gefährlich wieder zu verlieben, und mein jetziger Lebenskreis hat so wenig Berührungspunkte zu meinem früheren, daß ich mir erlaubt habe, zu verdrängen und Einzelheiten, insbesondere possierliche und Staunen weckende Geschichtchen und Geschichten, die mich gefährden könnten, aus meinem Erinnern zu streichen.

Denn natürlich gab es Schönes und Spannendes, Faszinierendes und Wunderbares in diesen Zeiten. Ausstiege in andere Leben, Einstiege in Höllenebenen, Blicke in die Welt der Mythen, manchmal begleitet von Dämonen und Naturgeistern, und immer eingenebelt in dieses Gefühl der Unantastbarkeit, das einem jede Droge so bereitwillig vermittelt; und würde ich das abstreiten um des guten juristischen Friedens willen, so wäre wohl jedem denkenden Menschen unverständlich, weshalb so viele Suchende freiwillig die allseits bekannten Gefahren der Sucht auf sich nehmen.

Aber ich habe an eigener Seele zu spüren bekommen, wie bitter es sich rächt, durchlebte Erfahrungen wieder aufzuwärmen, zum Stillstand zu kommen, indem man sich nicht mehr bemüht, zu »werden, was man ist«, indem man sich zufrieden gibt mit bereits Erlebtem und in dieser Zufriedenheit erstarrt. Deshalb will ich versuchen, mich jeder Rückschau zu enthalten, der auch nur irgend etwas Schwärmerisches anhaften könnte.

Wie oft hatte ich doch dagegen angesungen, gegen diese Vereisung des Herzens, »ich möchte wieder widerstehen und weiterhin verwundbar sein«, »es gibt kein Leben ohne Tod« – und nun war ich dem allen verfallen, wovor ich mich und andere so inbrünstig gewarnt hatte.

Nicht daß ich gegen Regeln verstoßen hatte, nehme ich mir im Nachhinein übel, nein, daß ich mich wiederholt hatte, daß ich mir Zeit geraubt habe, neu zu lernen, neu zu erfahren und dadurch an meiner Seele gestaltend zu arbeiten.

»Selbst wenn es nichts mehr gäbe
was mich hält
dann hielte mich noch
daß mich nichts mehr hält«

In diesem unseligen Jahr 1995 ließ sich mein Prinzip, nie vor einem Konzert andere Drogen zu nehmen als ein Glas italienischen Weißweins, auf Grund meiner extremen Abhängigkeit beim besten Willen nicht mehr durchhalten. Ich vermochte sogar die Stunde bis zur Pause nicht mehr durchzustehen ohne einen Zug aus der Basepfeife und ließ deshalb meine Musiker immer häufiger Instrumentals spielen, um mir schnell mal hinter der Bühne das bestens vorbereitete »Bröckchen« zu geben. Welch neckischer Diminutiva man sich doch bediente, um die Monstrosität der Situation zu verniedlichen.

Die letzten Monate vor meiner Verhaftung wagte ich mich kaum mehr aus meinen Hotelzimmern. Ständig schweißüberströmt, aufgeschwemmt auf Grund eines Nierenversagens, weitaufgerissene Augen, wirrer Blick, kaum mehr in der Lage, meine Bewegungen in einem gesellschaftlich akzeptierten Maß zu koordinieren, hatte ich Angst, allein schon auf Grund meines Aussehens verhaftet zu werden.

Die Bühne bot mir noch einen gewissen Schutz, da ich mich nirgends so zuhause fühle wie dort und mich nirgends so selbstverständlich bewege wie am Klavier. Außerdem hoffte ich, mit Hilfe der Zauberkraft der Töne und dem inbrünstigen Flehen meines Gesanges mein katastrophales Äußeres etwas vergessen zu machen. Auch wenn ich mir immer wieder, sobald ich genügend bedröhnt war, mein Elend schönzureden versuchte, mir sogar einredete, ungeheure Bewußtseinssprünge zu machen, der Wahrheit ganz nahe zu sein – meine Stimme konnte den großen Schmerz über mein Versagen nicht verhehlen. Viele Fans schrieben mir damals erschüttert. Sie fühlten, daß ich sehr krank war, und wollten mir beistehen. Ein Beistand, dem ich mich damals verschloß und dem ich heute gerührt und dankbar gegenüberstehe.

Nichts ließ ich an mich ran, was mich aus der Welt derer zu erreichen versuchte, die keine Drogen nahmen. Meine Mutter nicht, Warnungen guter Freunde, Hilfestellungen besorgter Menschen. Es scheint fast, als hätte es damals keinen Zwischenraum gegeben, in dem sich diese verschiedenen Wirklichkeiten hätten berühren können.

Meistens befand ich mich beim Konzert auf zwei verschiedenen Bewußtseinsebenen gleichzeitig. Ich spielte makellose Soli, manchmal von ungeahnter improvisatorischer Kraft, wie mir meine Musiker bestätigten, ein anderer Teil meines Ichs befand sich in einer Art Traumzustand, in dem mich die heftigsten Phantasien bestürmten. Es gibt eine Plattenaufnahme, da spielte ich ein Solo im wahren Sinne des Ausdrucks »im Schlaf«. Meine Musiker mußten mich nach der Aufnahme aufwecken, die Einspielung allerdings war so gut, daß wir uns entschieden, sie auf der CD zu belassen.

Meine größte Sorge auf der Bühne war es, was zum Glück nur sehr selten passierte, daß sich Wortfetzen dieser Bilderfluten in meine Texte mit einmengen könnten. So forderte ich beispielsweise mein Publikum einmal mitten in einem Text auf, »sie möchten doch schon mal Asche sammeln«. Einmal sprang ich mitten im Lied vom Flügel auf, da ich dachte; ich hätte zu Hause verschlafen und müsse sofort zum Konzert. Mit dieser Droge löst sich jedes Zeitgefühl ins Nichts auf, eigentlich ein wundervoller, erstrebenswerter Zustand im Sinne dieses faustischen »… werd ich zum Augenblicke sagen: verweile doch, du bist so schön.« Sicher auch ein Grund; warum man ihr so schnell verfällt. Zeit und – bedingt durch die Verengung des Blicks und die dadurch gesteigerte Wahrnehmungsfähigkeit entfernterer Welten – auch der Raum spielen keine Rolle mehr im herkömmlichen Sinn. Es war mir bald unmöglich, ein Konzert auch nur annähernd pünktlich zu beginnen, oft war ich um 20 Uhr noch im Hotel am »Bakken«; und ich kann mich für die Geduld meines Publikums und den nervenaufreibenden Kampf meiner Mitarbeiter, mich auf die Bühne zu schleifen, im Nachhinein nur bedanken. Nicht, daß ich nicht auf die Bühne wollte – ich war einfach nicht mehr in der Lage zu unterscheiden, wann und wo die intime Beschäftigung mit der Droge dem Singen und Klavierspielen zu weichen habe und warum man nicht beides einfach vermengen dürfe.

Es ist wahrscheinlich der Unwissenheit meines Staatsanwaltes zuzuschreiben, wenn er behauptet, man könne keine Konzerte geben im Zustand der Unzurechnungsfähigkeit. Vielleicht hat er noch nie die richtigen Konzerte besucht, ob Rock oder Klassik, Oper oder Mönchsgesänge: Man muß geradezu unzurechnungsfähig sein, um ein gutes, beseeltes Konzert zu geben.

Auch heute, seit genau zwei Jahren clean, und wie ich glaube behaupten zu dürfen, an Körper und Geist gesundet, sind die schönsten, fast heiligen Momente die der Ekstase, wo es mir gelingt, aus mir auszusteigen und von den Tönen kurz hinausgeschleudert zu werden in den Urzustand des Seins.

Ärgerlich ist nur, daß ich für diese beglückenden Momente früher wie heute eigentlich keine Drogen brauchte, daß mir das eigentlich aus mir selbst gelang und gelingt und ich die Drogen am Ende nur noch benötigte, um mich vom Hotelzimmer auf die Bühne zu schleppen. Was hätte ich mir nicht an Geld und Ärger sparen können!

Egon Friedell, genialer Verfasser der »Kulturgeschichte der Neuzeit«, den Karl Kraus einen »ganz unerträglich intelligenten Auseinanderleger von Problemen« nennt, schreibt über das Verhältnis des Künstlers zum Alkohol (und ich glaube, es ist legitim, den Alkohol in diesem Fall mit anderen Drogen gleichzustellen):

»Viele Künstler waren Alkoholiker. Aber man muß sich hier vor einer Verwechslung von Ursache und Wirkung hüten. Sie waren nicht Künstler, weil sie Alkoholiker waren. Sie waren Alkoholiker, weil sie Künstler waren. Weil sie Künstler waren, empfanden sie die Häßlichkeit und Unzulänglichkeit gewisser Realitäten tiefer und schärfer, und dies machte sie zu Alkoholikern.

Daß aber umgekehrt der Alkohol die künstlerische Inspiration irgendwie fördern kann, daß die Muse sich durch gegorene Kohlehydrate anlocken läßt, ist unwahrscheinlich. Sie läßt mit sich keine Geschäfte machen. Die natürlichen Räusche sind nicht beim Schnapshändler für Geld zu kaufen. Diese Räusche sind wirklich, ja wirklicher als alle Wirklichkeit. Es ist aber sicher, daß sie um so zögernder herankommen werden, je mehr man sie durch Gewaltmittel herbeizwingen will.« (Egon Friedell)

Unabhängig von meinem Drogenfall allerdings glaube ich, das Schicksal hätte mich in jedem Fall zu diesem oder einem späteren Zeitpunkt in ein tiefes Loch gestoßen, denn fallen mußte ich wieder mal, tiefer als je zuvor. Zu vieles war verhärtet in diesen Jahren des Erfolgs, der mir zu selbstverständlich geworden war. Denn statt mir meines Selbst bewußt zu werden, wurde ich selbstherrlich, und das alles wurde mir bitter deutlich ab der ersten Sekunde meines Alleinseins in der Zelle des Polizeireviers.

Nun hatte mich auch noch der zwar teuflische, aber gleichwohl am Ende treueste Gefährte im Stich gelassen: das Kokain.

Die ersten Tage nach meiner Verhaftung habe ich wie im Halbschlaf erlebt. Ich ahnte instinktiv, daß ich nur noch einige Wochen zu leben gehabt hätte, und trotz der Qualen dieses wahrlich unvorbereiteten Entzuges war etwas in mir dankbar und froh. Wie weit hatte ich es doch kommen lassen: Ich hatte mich aufgegeben, bestritt das noch großmäulig vor mir selbst und anderen, steuerte jedoch mit zynischem Gleichmut dem Ende zu. Ein Leben ohne diese Droge war in meinen mir erdenkbaren Wirklichkeiten nicht mehr möglich, und so feuerte ich mich mit dem letzten Rest Energie, den ich mir für Sekunden mit ungeheuren Mengen Base noch herstellen konnte, zu immer abstruseren Vorstellungen an:

Die noch verbleibenden Jahre in Bolivien verbringen, den Konsum auf genau 5 Gramm pro Tag beschränken (eine Vorstellung fast schon mönchischer Abstinenz), wobei die reale Umsetzung solcher Ideen – z.B. aus welchem Zaubertopf ich 1000 DM pro Tag schöpfen sollte – nie ein Thema war. Ich hatte jeden Bezug zur Realität meines Ich in der mich umgebenden Welt verloren. Das will nicht sagen, daß meine Ideen, Gedanken und Bilder, die ich in mir erzeugte, nicht real gewesen wären, sie waren jedenfalls bedrohlicher als jede Wirklichkeit zuvor. Aber eben nur noch mein Innen war existent und völlig abgeschnitten von der Außenwelt. Bei Heiligen ein bewunderter Zustand, aber meist auch auf ehrenvolleren Wegen erarbeitet.

Von Beginn an dieses Alleinseins mit mir und mir, mit meinem suchtkranken Ich und dem eigentlichen Selbst, das ich wieder herauszuschälen hoffte, war mir schmerzlich klar, daß ich nicht nur auf die Droge verzichten mußte, sondern auf die gesamte Lebensweise der letzten Jahrzehnte. Und daß der Gott der alten Herrlichkeit, dieses Lebens von Ausleben zu Ausleben zu Ausleben, ein eifersüchtiger Gott sein würde.

Anfangs wirkte er auch noch gewaltig in meine Phantasien hinein. Bilderfetzen vergangener Exzesse durchfluteten mein Hirn, und meine einzige Waffe gegen diese Invasion war die Erinnerung.

Der kaukasische Weisheitslehrer Gurdjieff pflegte Anfang dieses Jahrhunderts seinen Schülern als oberstes Gebot aufzutragen: »Erinnere dich deiner selbst.« Dieses Er-innern, das wußte ich aus vielen ähnlichen, wenn auch nicht so dramatischen Niederlagen meines Lebens, war die einzige Chance, des dämonischen Komplotts Herr zu werden, sich Kraft zu holen aus der Tiefe des Gemüts.

Zum Er-innern gehört eben auch die Erinnerung, und hier hatte ich die große Chance, die so manchem nicht gegeben ist, dessen erste und einzige Glückserfahrung die Droge ist: mich an eine Kindheit zurückerinnern zu dürfen, die voller Freude war, ohne Betäubung und Gewalt oder aggressive sexuelle Erlebnisse. Eine von einer liebenden, wenn auch klammernden Mutter und einem weisen, allerdings der Mutter alle Erziehungsaufgaben überlassenden Vater behütete Kindheit, die mir das Urvertrauen mit auf den Weg gab, im Universum aufgehoben zu sein.

Welche Tragödie, wenn diese Liebe dem Kinde nicht gewährt wird und Drogen, Brutalität oder Männlichkeitsrituale an Liebesstatt das Herz verformen.

»Immer ist Ort und Stunde.
Immer bist du gemeint.
Und es ist jede Wunde
einmal zu Ende geweint.

So viele Schritte gegangen
Egal wohin sie geführt.
Hauptsache angefangen
ab und zu Leben gespürt.

Immer ist wieder und weiter
Immer – das bist du.
Die Tore öffnen, und heiter
Schreitet der Tag auf dich zu.«

Nun also hatte ich die mir fernste von allen nicht erworbenen Tugenden zu erwerben: die Geduld. Denn die alle Fasern des Seins durchdringende Freude konnte ich nicht mehr empfinden. Ich hatte dieses Gottesgeschenk einmal im Lied beschrieben: »Was macht sich heut' die Sonne breit, sie stellt mich richtig bloß – mich läßt schon seit geraumer Zeit die Freude nicht mehr los ...« – und es blieb mir nur noch die Hoffnung, dieses Gefühl wiederentdecken zu lernen. Erst zwei Jahre später sollte ich bei Paulus (Römer 5,3 f) lesen, wie »Drangsal Geduld bewirkt, die Geduld Bewährung, die Bewährung Hoffnung«.

Der Benediktinermönch und Zen-Buddhist David Steindl-Rast resümiert:

»Wird diese Kettenreaktion funktionieren können, wenn wir nicht von Anfang an zumindest etwas Hoffnung haben? Ich für meinen Teil benötige in der Drangsal ein bißchen Hoffnung, wenn ich nicht ganz und gar die Geduld verlieren soll. Richtig, aber diese anfängliche Hoffnung könnte immer noch eine großzügige Dosis Optimismus enthalten.« (David Steindl-Rast unterscheidet genau zwischen Optimismus und Hoffnung. Er hält den Optimismus für eine gefährliche Pose, da man, wenn man dumm genug ist, in ihm stecken bleiben kann, der Pessimismus dagegen neigt dazu, dermaßen unerträglich zu werden, selbst für Pessimisten, daß man sich mitten hinein in die Hoffnung katapultieren kann, wenn er nicht mehr auszuhalten ist.) »Bewährung vor unserem Schicksal«, so Steindl-Rast weiter, »muß jeden Rest von Pose und Heuchelei in einem langsam brennenden Feuer läutern. Erst dann wird Hoffnung sich wirklich zeigen und über jeden Zweifel erhaben sein. Dieser Läuterungsprozeß findet sich an wichtiger Stelle in jeder spirituellen Tradition.«

War dieses Spirituelle, eine tief im Herzen schlummernde Religiosität, mir früher immer ein selbstverständlicher Wegbegleiter gewesen, so wurde ich jetzt, nachdem ich dieses Urverstehen offensichtlich verloren hatte, durch eine zu hemmungslose Lebensweise verschüttet, wieder mitten hineingestoßen ins Geistige.

Denn was tut man, wenn man sich verlassen fühlt, von allem getrennt, mit dem man sich identifiziert hatte, körperlich und psychisch aus jedem Gleichgewicht?

Man schreit nach innen um Hilfe, tief in sich hinein, und wer inbrünstig und innig genug fleht, wird dort auch seinen Gott entdecken.

Ich habe über diese wohl wichtigste Phase meiner ersten Entzugserfahrung wohlweislich geschwiegen. Zu gierig hätte man sich darauf gestürzt, danach hechelnd, mir esoterisches Abdriften oder irgendeine Sektenabhängigkeit als Folge meiner Sucht zu unterstellen. Und in der Tat ist es eine verbrecherische Seelenfängerei, geradezu ein seelischer Totschlag, wenn Sekten oder selbsternannte Gurus Menschen für die eigenen Zwecke einfangen in dieser hilflosen, für jede Handreichung dankbaren und gerade deshalb für die weitere Entwicklung so unendlich wichtigen Phase des Umbruchs, der Neugeburt des geistigen Wesens.

Andererseits halte ich es für wirklich notwendig, einem Süchtigen gerade im Moment des Zusammenbruchs darin beizustehen, die Augen für das Geistige zu öffnen, behutsam ihn zu ermutigen, einen Sinn darin zu finden, seine Seele zu entdecken.

Schon immer war in mir diese Ahnung, daß man sich die Seele erarbeiten müsse, daß sie nicht einfach ein Päckchen sei, beim Tode zu öffnen, wie ein Geburtstagsgeschenk fürs nächste Leben. Und in all meinen Texten und Liedern ist etwas zu spüren von diesem Ringen um die Seele, um den Sinn des Daseins, der sich nicht in Ruhm und Reichtum, Sex, Drugs and Rock and Roll erfüllen kann.

Diese Wahrnehmung des Geistigen ist, wie ich glaube, nur eine *mögliche* Wirklichkeit, und ihr geht immer eine Tat voraus, eine Wandlung, eine Verwandlung des bisherigen Lebens in ein geistiges eben.

Was für eine Gnade kann Krankheit sein, ein Mißerfolg zur rechten Zeit, eine Trennung von einem geliebten Menschen, und meist kommt der Anstoß für ehrliche Seelenarbeit durch ein unvorhergesehenes Leid. (Wie C. G. Jung so tröstlich bemerkt, erspart ein kräftiges Leid gar an die 10 Jahre Meditation.)

Mir jedenfalls half es immer, die Verantwortung für mein Leid nicht abzuwälzen oder dem Zufall in die Schuhe zu schieben und eher dankbar zu sein für die Chance, herausgestoßen zu werden aus dem alten Trott, dem wieder mal verhärteten Weltbild.

Nun drängt sich einem nach all meinen Ausführungen das Gefühl auf, mir hätte nichts Besseres passieren können, als verhaftet zu werden, und wirklich, so sehr sich alles in mir dagegen sträubt, dies zuzugeben, für mich war diese brutale Version des Zwangsentzuges die vielleicht einzig mögliche Rettung. Aber ich wehre mich vehement dagegen, daraus abzuleiten, andere Süchtige mit der gleichen Methode retten zu müssen. Anscheinend war der Gedanke, aufhören zu wollen, tief in mir verborgen schon überreif, sonst hätte ich den eindeutigen Angeboten, die mir schon am ersten Tag von Mithäftlingen im Knast offeriert wurden, kaum widerstanden. Und ich persönlich habe niemanden getroffen, den Kriminalisierung und ein Knastaufenthalt von seiner Sucht geheilt hätte, zumal ärztliche Betreuung in jedem Fall effektiver ist als Gefängnisalltag.

Aus offensichtlichen Gründen läßt sich mein Fall, wie so viele andere natürlich auch, nicht verallgemeinern, und ich kann einzig hoffen, daß Ihnen meine Erfahrungen und Reflexionen ein paar Anregungen bieten, die Sie mit Ihren eigenen Erkenntnissen verweben mögen.

Vielleicht ist meine Geschichte ganz und gar atypisch, vielleicht aber entdecken Sie auch viele Ähnlichkeiten mit Krankheitsfällen Ihrer Patienten. Und, bitte, mißverstehen Sie meine Ausführungen nicht als Einmischung in Ihren Fachbereich. Ich überlasse Ihnen das Heilen von Herzen gerne.

Wenn ich nämlich, wie so oft, von Süchtigen um Hilfe gebeten werde, stehe ich diesem Ansinnen fast immer hilflos gegenüber.

Allerdings schreiben mir viele, daß ihnen meine Lieder und Texte und die Art, wie ich sie vortrage, Mut machen, manche bestätigen mir gar, ich hätte mit meinen Liedern dazu beigetragen, ihr Leben zu verändern – und was können Lieder Schöneres bewirken, als so an die Seele zu rühren?

Heute fühle ich mich gefestigt, aber nicht für alle Zeiten gefeit, das wäre vermessen und würde mich träge machen. Immer noch stürmen ab und an diese anderen Welten in mich, oft genügt ein Geruch, reichen Gesprächsfetzen, gelingt es einer bestimmten Novemberstimmung, mich kurz zu gefährden. Nicht daß mich dann der unbedingte Wunsch nach einem Kick aus der Pfeife packen würde, aber Bilder beginnen sich aufzutürmen, bestimmte Nerven werden stimuliert, längst vergessen geglaubte Situationen bauen sich zu perfekt inszenierten Szenen eines Schauspiels auf, dessen Betrachter und Autor ich bin und das selbst in den erbärmlichsten Momenten seiner Faszination nicht entbehrt. In solchen Augenblicken fordern mich die Dämonen der Welten, die ich geschaffen hatte, zurück und versuchen mir zu suggerieren, mein jetziges Leben sei reizlos, spießig und unkreativ und ich würde erst wieder geliebt, wenn ich das alte Spiel aufs neue begänne.

Und in der Tat ist diese Befreiung des Ich von seiner alten Pose immer verbunden mit dem Verlust nicht nur der alten Selbstherrlichkeit, sondern auch von Anerkennung derer, die man bislang beeindrucken konnte. Schon der Sprung vom Klassenclown zur Ernsthaftigkeit mißglückt den meisten, da sie sich nicht mehr geliebt fühlen und neue Bewunderer noch nicht abzusehen sind. Man versucht dann oft sein Umfeld zu wechseln und erliegt doch nur wieder der gewohnten Selbsttäuschung. Die einzige Möglichkeit, auch im Wandel authentisch zu bleiben, ist, die Durststrecke der ersten Einsamkeit durchzustehen und sich überhaupt nicht mehr durch die Blicke der anderen zu definieren.

Was mich betrifft, so glaube ich, ist das, was anfangs durchaus authentisch war, dieses wilde und exzentrische, regellose und selbstbestimmte Leben eben, am Ende doch auch zur Pose erstarrt und war dann weder meinen denkerischen Ansprüchen noch meinem Alter gemäß. »Von allen meinen großen Lieben ist mir nur eine treu geblieben, der Selbstbetrug ...« Ich habe mich in meinen Gedichten oft genug zu warnen versucht. Irgendwann haben meine poetischen Selbstrettungsversuche nicht mehr gefruchtet. Also beschloß nun endlich etwas in mir – und das war beileibe kein intellektueller, sondern ein intuitiver Vorgang –, den öffentlichen Zusammenbruch als einmalige Chance wahrzunehmen und denen, die noch bis heute ihren »alten Wecker« einfordern, entgegenzuhalten, daß nur für einen wirklich neuen Wecker die Möglichkeit zum Überleben bestünde. Und daß dies auch ganz in der Tradition meines bisherigen Lebens und meiner Lieder stünde, mich »neu zu gestalten«, »no oamoi von vorn anzufangen«, mich »neu zu erfinden«, alles Textzeilen, die ich geschrieben hatte, lange bevor sie für mich so bitter notwendig wurden.

Jeder weiß, man muß etwas aufgeben an alter Gewohnheit, um Platz zu schaffen für wirklich Neues. Nur – wie oft gibt man nicht falsche Opfergaben in der Hoffnung, die Götter ließen sich betrügen, wie oft schummelt man sich an dem, was es eigentlich aufzugeben gilt, vorbei.

Meister Eckehart spricht so eindrucksvoll davon, daß »Gott nur auf einer leeren Tafel schreiben könne«, und die christliche Mahnung, »sein Gemüt zu bereinigen«, weist auch auf die Erfordernis hin, sich erst mal von den alten Bildern zu befreien, die man im Laufe seines Lebens von sich und der Welt geschaffen hat, will man, wie Peer Gynt, sich wie eine Zwiebel schälend zu seinem Selbst gelangen.

Schiller schreibt, man habe im Leben zu wählen zwischen Sinnenglück und Seelenfrieden. Ersteres habe ich reichlich auszukosten versucht; nun zog ich, noch

44

im Gefängnis, notgedrungen den zweiten Vorschlag in die engere Wahl.

Die Hilflosigkeit und Erbärmlichkeit meiner Situation zwang mich geradezu, mich dem Gebet und der Meditation zu widmen. Ich war unfähig, Radio zu hören, Zeitung zu lesen, auch konnte ich mich nicht, wie früher, in Romanen und Gedichten verlieren – das Gefängnis und die darauffolgende Zeit der Ächtung ließen mir gar keine andere Möglichkeit, als tief in mich hineinzutauchen. Oft traute ich mich nicht mehr aus dem Haus, aus Angst vor neuen Schlagzeilen, denn ich entwickelte das paranoide Gefühl, alle Menschen, die mir begegneten, hätten dieselbe Zeitung gelesen und würden mich nur noch danach bemessen. Ich hätte meinen Mitmenschen damals mehr eigenes Urteilsvermögen und Wohlwollen zutrauen sollen, aber wenn die Nerven so blank liegen, erscheint einem gerne die ganze Welt als unerbittlicher Feind. Also zog ich mich zurück, so gut es mir möglich war, verschlang alle mögliche Literatur über die Kunst der Meditation und begann mit dem praktischen Training. Noch heute gehören regelmäßige tägliche religiöse Übungen zu einem Ritual, auf das ich auch in Zukunft nicht verzichten möchte. Ich sage bewußt *religiöse* Übungen, denn ich halte nichts von der für unsere Gesellschaft so typischen Methode, sich einige fernöstliche spirituelle Praktiken anzueignen, sie ihrer eigentlichen Bestimmung abzusondern, um damit im Geschäftsleben noch abgeklärter betrügen zu können.

Wenn Meditation und Gebet ihrem Urgrund, der unbeugsamen Suche nach Wahrheit, entfremdet werden, wirft man einen Schlüssel weg, der einem eine Kammer zu seinem geistigen Sein öffnen könnte. Mir war und ist es wichtig, dieses Wiederentdecken meiner spirituellen Möglichkeiten nicht entwertet zu sehen als reines Hilfsmittel, meinen Entzug zu meistern. Daß mir die Droge entzogen wurde und ich sie mir anschließend selbst entzogen habe, ist mir *Anlaß* gewesen, mich diesen neuen Ebenen des Seins wirklich zu öffnen, nachdem ich durch Glück, intensive Beschäftigung mit großen Künstlern, manchmal durch Inspiration und nicht zuletzt auch durch Drogen schon oft hineinschmecken durfte. Oft wird auch, wie ich glaube, zu viel Theater um den Entzug gemacht, weil man für sich nicht einzusehen bereit ist, daß die Droge meist nur eine Manifestation ist einer schon lange existenten Festgefahrenheit, eines Panzers, den man sich um die Seele gebaut hat, und daß, wenn es gelingt, den Panzer aufzubrechen, der Entzug von der Droge das geringste Problem darstellt.

Entziehen muß man sich von der Festung, die man sich mit allen möglichen Teilwahrheiten und Lügen immer wieder baut, wie Kinder Sandburgen am Strand, und die man dann begeistert »Ich« nennt. Nichtahnend, daß Heerscharen verschiedener, sich oft widersprechender Ichs als wackere, untereinander verfeindete Soldaten in dieser Festung hausen, jeder einzelne bereit, erbittert für seine Überzeugung zu kämpfen und den anderen abzuschlachten. *Ich* nehme mir vor, morgen früh um 6 Uhr aufzustehen, um an diesem Vortrag zu arbeiten, und morgen früh beschließt ein anderes Ich, gefälligst das Recht zu haben, weiterzuschlafen. *Ich* beschließe nach einer erschütternden Reportage, Geld zu spenden für die Erdbebenopfer in Assisi, und eine Stunde später fühle *ich* mich moralisch problemlos dazu berechtigt, mich gefälligst erst mal um die Entsorgung meiner eigenen Schulden zu kümmern. So geht das Tag für Tag und Stunde um Stunde, und ich frage mich oft ziemlich mutlos, wie viele Festungen es noch zu schleifen gilt, um mich zu erreichen.

Damit erschließt sich mir ein Lichtenberg-Zitat, das mir neulich zufällig in die Hände gefallen ist: »Zu sagen *cogito*, ist schon zuviel, sobald man es durch *ich denke* übersetzt. *Es denkt*, sollte man sagen, so wie man sagt, *es blitzt*.«

Sie sehen, ich bin weit davon entfernt, ein Rezept gefunden zu haben, mit dessen Hilfe ich mich über die Wirren und Ströme der noch verbleibenden Jahre retten könnte, und um den nächsten Strudel zu durchschwimmen, muß ich mich wohl wieder mit ihm in die Tiefe begeben, an seinen Ursprung, wo er mich einzig aus seiner Gewalt entläßt. Auch bin ich mir der großen Gefahr bewußt, die darin besteht, daß dieser Weg nach innen den Charakter einer neuen Droge erhält. Die intensive Selbstbeschau nimmt gerne asoziale Züge an, und mittlerweile fühle ich mich auch durchaus wieder kräftig genug, mich mit dem politischen Geschehen in gewohnter Weise auseinanderzusetzen. Vielleicht heute mehr als früher im Sinne T. S. Eliots, wenn er schreibt:

»Das Ziel ist hienieden
Den meisten von uns unerreichbar
Wir, die nur unbesiegt bleiben
Weil wir es stets aufs neue versuchten.«

Aber ich habe nun mal beschlossen, diesen gewaltigen Einbruch in mein Leben als Chance zu einem Umbruch zu ergreifen, denn im Tiefsten unseres Wollens träumen wir doch alle von der Verwandlung des Körpers in Geist, des Todes in Auferstehung, von der Transformation des Endlichen ins Unendliche.

Die Buddhisten nennen unsere Wirklichkeit einen Irrtum, einen durch Unwissenheit getrübten verwirrten Zustand, in dem die wahre Natur der Leerheit des Geistes nicht zu sehen ist.

Ich denke, die meisten Menschen irren sich seit langem gemeinsam, nach abgesprochenen Regeln. Manche Einzelgänger und Sonderlinge irren sich individueller, farbenprächtiger, phantasievoller.

Und in der Tat scheint mir, je älter ich werde, unser aller Leben manchmal ein großer Irrtum zu sein, oder wie Schopenhauer sagt, »eine mißliche Sache«. Hoffen wir nur, daß jeder mit seinem Irren irgendwann die Wahrheit finden möge, so er sie nur inbrünstig sucht.

Obwohl dazu aufgefordert, hat man aber dennoch ein etwas mulmiges Gefühl dabei, eine Stunde lang fast ausschließlich über sich selbst gesprochen zu haben. Kurz vor der Beendigung dieses Skripts habe ich nun gerade noch eine geistvolle Entschuldigung bei dem großen Friedell gefunden:

»Es gibt nichts Falscheres als die so häufige Behauptung: nur seichte Menschen reden viel von sich selbst. Das Gegenteil ist richtig. Der seichte Mensch spricht fast nie von sich. Die Täuschung, als ob er dies tue, wird dadurch bewirkt, daß er sehr viel von äußeren Dingen redet, die nur für ihn wichtig sind, zum Beispiel von *seinem* Mittagessen, von *seinem* Vordermann im Amt, *seinem* Geschäftslieferanten.

Von sich selbst aber spricht er fast nie, und wenn, wie von einem Fremden. Die bedeutenden Menschen aber haben immer und immer wieder von sich selbst geredet: Sie spürten nämlich, daß dies das einzige Thema sei, worüber sie ein *Recht* hätten zu reden.«

Gönnen Sie mir diese Zeilen als Trost.

Zu guter Letzt darf ich mich für Ihre Geduld bedanken, der ja, wie wir gehört haben, immerhin laut Paulus, nach einer Phase der Bewährung die Hoffnung folgen soll.

Den Vortrag beschließen allerdings möchte ich mit einem Gedicht, das ich erst vor einigen Wochen geschrieben habe und das mein derzeitiges seelisches Befinden meinen Fähigkeiten entsprechend ganz gut beschreibt:

»Ach so schwankend hin und her
jeden Strohhalm greifend
um so älter um so mehr
durch die Geistwelt streifend

transzendierst dich, unentgeltlich,
sehnst dich ins gelobte Land
und dann trifft dich, äußerst weltlich,
eine Zärtlichkeit am Strand.

Und du leckst dir Meer und Sonne
von dem heiß begehrten Leib
überflutet von der Wonne
dieses Wunders Mann und Weib

wissend, es ist wirklich wichtig,
daß man sich nach Geist verzehrt.
Doch das alles wird so nichtig
wenn die Stunde dich verklärt.

Auch du willst dich aufbereiten
daß, nachdem du abgebüßt,
etwas beim Hinüberschreiten
deinen Leibestod versüßt.

Auch du sehnst dich nach Theose
bis du im Nirvana tanzt.
Aber auch das Hemmungslose
hat ein Gott in dich gepflanzt.

Wissend, hinter Traum und Wachen
liegt die eigentliche Welt.
Doch auch dies – es ist das Lachen
das uns in Bewegung hält.«

Gedanken danach

1

Wir leben in einer Gesellschaft, deren heiligstes Ziel die Ablenkung zu sein scheint. Alle Angebote für die Freizeit spiegeln den kostspieligen Versuch wider, jede freie Sekunde zu verhindern, in der wir in der Stille uns selbst begegnen könnten. Überflutet von vorgekauten Bildern, haben wir kaum noch eine Chance, eigene Vorstellungen von Trauer und Freude zu entwickeln. Man führt uns vor, *wie* man weint, *wann* man lacht, *warum* man sich freut.

Und längst schon haben wir vergessen, daß all diese aufdringlich glücklichen Menschen der Werbeplakate nur unsere Verzweiflung zu überspielen versuchen. Unsere Verzweiflung über die Unmöglichkeit, sich Glück kaufen zu können. Und so wenig wir das wahrhaben wollen, so sehr erahnen wir es doch: Das Glück ist nun mal nicht in der Zeit angesiedelt – denn Zeit bedeutet für uns nie Gegenwart, sondern fast ausschließlich ein gedankliches Verhaftetsein an Vergangenheit und Zukunft – und deshalb auch nicht in der materiellen Ebene.

Je mehr wir aber von der Suche nach dem Sinn des Lebens abgelenkt werden, je mehr wir dieses menschlichen Grundrechts beraubt werden, um so mehr verkümmert unsere Fähigkeit, das Wesentliche, die *philosophia perennis,* in uns zu erspüren.

Zweifellos ist auch die Flucht in die anderen Dimensionen der Drogen letztendlich eine Ablenkung von dem eigentlichen Wesen, das es hinter all der Gier, den Lügen und den Eitelkeiten, womit wir uns durchs Leben schlängeln, zu entdecken gilt. Letztendlich deshalb, weil anfangs wohl noch der Wunsch Pate gestanden haben mag, sich mit Hilfe von Alkaloiden ins Zentrum seines Selbst zu katapultieren. Aber egal zu welchen Höhenflügen man sich aufzuschwingen glaubt – schon allzu bald drückt einen die Erkenntnis, gefangen zu sein, wo man Freiheit ersehnte, fremd bestimmt zu sein, wo man selbst bestimmen wollte, zur Erde nieder.

Anfang des Jahres 1996, als ich wieder mühsam lernte, klar zu denken, entdeckte ich einen Text Ernesto Cardenals, geschrieben in der Weltabgeschiedenheit der Mönchszelle eines Trappistenklosters:

»Es gibt Menschen, die sich mit einer fast mystischen Hingabe an die Freuden der Sinne klammern. Sie alle suchen Gott dort, wo er nicht ist, und dieses Suchen und Nichtfinden führt sie zu Verzweiflung, Laster, Verbrechen, Wahnsinn oder Selbstmord. Sie suchen ihr Glück in so lächerlichen Dingen wie im Geld, im Alkohol oder im Vergnügen mit all der Kraft ihrer Sinne, die doch zum Schauen der Seligkeit bestimmt ist.

Dabei sind gerade die Menschen, die sich am heftigsten der Liebe, der Romantik oder dem Genuß der

Sinne hingeben, auch am meisten befähigt, Gott zu lieben. Denn ihn suchen sie ja gerade in all ihren Abenteuern, ohne ihn je zu finden.«

Etwas von dieser »fast mystischen Hingabe« glaube ich manchmal in den erschütternden Bildern süchtiger Straßenkinder und vom Alkohol zerfressener Gesichtern zu entdecken, und so etwas Ähnliches meint wohl auch Luther, wenn er uns mit seinem berühmten Ausruf »pecca fortiter« dazu auffordert, wenn schon, dann wenigstens kräftig zu sündigen. Mit Hingabe, mit Leidenschaft, heiß oder kalt, aber bitte nicht lauwarm.

Aber was bleibt, selbst wenn man wieder neu gelernt hat, sich dem Leben zu stellen, sich nicht mehr allzu oft ablenken läßt von Belanglosem, von witzigen Herrenrunden und Partygeflüster, Balztänzen und Lästern über die Dummheit der anderen, was bleibt, wenn man Glück wieder ganz aus sich selbst heraus zu gewinnen versucht – wie geht man um mit dem neuen Unbehagen am Dasein? »Auf dem Grund jeder Freude fand ich Trauer und Beklemmung«, schreibt Cardenal – was, wenn einen in dieser neu gewonnenen Klarheit die kosmische Trauer aller Kreatur befällt, von der Paulus spricht?

In diesen stillen Stunden, ohne Schulterklopfen und Bierbestellung, in diesen Augenblicken, die Heilige, wie es heißt, in verzückter Gottesschau verbringen, in denen uns normalen Sterblichen aber fast ausschließlich das Elend unserer Unzulänglichkeit vor Augen tritt – was hält uns da am Ball, was hält uns ab, uns wieder in Ablenkungsorgien zu stürzen oder uns weiter, wider besseres Wissen, der Verherrlichung des Trivialen zu widmen?

Sind das nicht diese so wohl bekannten blauen Stunden, wo es in dir zerrt und zieht, wieder zurück in die hohe Zeit der Tropenträume, in die herrlichen Farben der Sumpfblüten, zurück ins Klischee, wenn das Original schon so schwer zu erfassen ist?

Ich habe kein Rezept, für mich nicht und schon gar nicht für andere, kein festes Programm, aber in mir wohnt plötzlich eine Gewißheit, daß dieses Unbehagen zuzulassen gegen alle Betäubungsangebote unserer Gesellschaft ein erster Schritt ist zu einer Freiheit, die ich in allen Exzessen so verzweifelt gesucht hatte.

Im Vergleich zu dieser neu gewonnenen Freiheit scheint mir die Einengung durch einen Gefängnisaufenthalt nichts anderes als ein Abklatsch der Fesselung durch die Sucht, ein Bündel Pflastersteine, das einem zusätzlich auf den Rücken geschnürt wird.

Und doch glaube ich, daß mit den ungeheuren Summen von Steuergeldern Sinnvolleres getan werden könnte, als suchtkranke Menschen zu verfolgen, zu verhandeln und zu inhaftieren. Denn nicht jeder ist, wenn er verhaftet wird, an einem Punkt des *no return* angelangt, so daß er, wie ich seinerzeit, nur noch die Wahl hat zwischen Tod und Neugeburt. Mancher vertieft erst im Gefängnis seine Erfahrungen mit Drogen, und für viele ist die anschließende gesellschaftliche Ächtung und der finanzielle Ruin erst der Einstieg in eine Drogenkarriere.

Bede Griffiths, ein englischer Benediktiner, der 1955 nach Indien aufbrach, um »die andere Hälfte seiner Seele zu finden«, schreibt: »Wir brauchen ein Mindestmaß an Gesetzen, jede Gesellschaft braucht ihre Gesetze. Es ist jedoch nicht sinnvoll, nur durch das Gesetz zu leben. Gesetze sind als Grundlagen, Richtlinien nötig, aber nur, wenn wir über das Gesetz hinaus gelangen können, finden wir den Eingang in das Mysterium der Liebe.«

Man kann die jeweils gültigen Gesetze, die jeweilige politische Situation, in der man sich befindet, als gottgegeben und unumstößlich ansehen und versuchen, sich in diesen, immer wieder Änderungen ausgesetzten, Grenzen anzusiedeln.

Allerdings um den Preis, alle eigenen ethischen Einwände über Bord schmeißen zu müssen.

Viele Politiker, Staatsanwälte und Richter können sich nur in das äußerst fragwürdige und zynische Weltbild retten, alle individuelle Ungerechtigkeit geschehe einzig zum Wohle der Allgemeinheit, auch gegen besseres Wissen und Gewissen.

Der brave Bürger hat es da einfacher. Oft gönnt er sich kein besseres Gewissen, da es bequemer scheint, sich dem Zeitgeist und der herrschenden Moral anzupassen.

Aber trotz der bitteren Erfahrung, auf Grund meiner Liebe zu Risiko bis neun ausgezählt worden zu sein, bin ich weiterhin dafür, riskant zu leben, den Sinn bestimmter Gesetze und gängiger Moral immer wieder in Frage zu stellen, Grenzen aufzustoßen, sich aufzulehnen gegen zur Willkür erstarrte Staatsmacht. (Allerdings mittlerweile nur nach sorgfältiger Gewissenserforschung, denn allzu oft versucht man seine eigene Ungereimtheit mit rebellischen Versen zu tarnen.)

Wir sind alle so ängstlich geworden, weil wir das Einschaltquoten-Denken in unser Privatleben übernommen haben. Jede Meinung wird selbst im Bekanntenkreis abgewogen und nach Mehrheitstauglichkeit untersucht, und bald schon verhalten wir uns alle wie Politiker vor der Wahl: Die richtige Ansicht ist einzig die, die bei der Mehrheit gut ankommt. Am Ende retten wir uns, um überhaupt nicht mehr angreifbar zu sein, in Zynismus.

Wir hoffen, der Einsamkeit entfliehen zu können, indem wir uns keine Feinde machen, und sehen nicht, daß wir uns gerade dadurch Feinde schaffen. Keiner traut dem anderen, weil man sich seiner eigenen feigen Kompromisse zwar nicht immer bewußt ist, sie aber doch schmerzlich ahnt und sie zu Recht beim anderen vermutet.

Mancher glaubt, schon eine Persönlichkeit zu sein, weil er sich jeden Abend eine ganz bestimmte Whiskeymarke in der Bar bestellt, seinen Anzug bei Mooshammer schneidern läßt, alle CDs einer unbekannten kanadischen Popgruppe gesammelt hat – als bestünde Persönlichkeit aus einem aufgebauschten Ego, als würde sie nicht erst geboren werden, wenn man beginnt, sein Ego nicht mehr so wichtig zu nehmen. Wenn man beginnt, sich mit Inhalten und nicht nur mit Marken zu beschäftigen.

So verbergen wir unsere Trauer vor uns und unseren Mitmenschen, und wenn uns plötzlich ein unausweichlicher Schmerz befällt, sind wir unfähig, ihn als Chance wahrzunehmen.

Und wir können uns darauf verlassen, daß dieser Schmerz uns überkommen wird, so sehr wir uns diesen Gedanken auch wegsurfen mögen und wegblödeln, wegsaufen und wegdancen – er wird kommen, dieser große Schmerz, und am Ende steht der Tod, den wir so gar nicht wahrhaben wollen. »Auch einem gesunden Leben folgt ein kranker Tod«, schreibt Gottfried Benn, also wir sterben trotz Bodybuilding und Maßanzügen, Schöner Wohnen und Opernball. Wer hätte das gedacht! Natürlich sind das Binsenweisheiten, aber weshalb beunruhigen sie nur so expressis verbis?

Ist nicht der Schmerz die einzige Möglichkeit Gottes, auf sich aufmerksam zu machen? Wie sollen wir denn sonst herausgerissen werden aus unserer Dauerpartystimmung? Wie können wir uns wieder dem Gedanken nähern, daß wir nicht nur leben, um uns dauernd etwas zu gönnen, sondern auch, um uns etwas abzufordern, daß ein tieferer Sinn allem innezuwohnen scheint, eine Aufgabe, die zu erforschen unser Leben erst lebenswert macht?

Müssen wir uns vielleicht deshalb diese Gedanken verbieten, weil die Erforschung des Selbst, weil Mildtätigkeit und Hilfsbereitschaft so gar nicht die Kaufkraft fördert, also marktwirtschaftlich kontraproduktiv ist?

Als ich vor einigen Wochen in einem Sterbehospiz einige meiner Lieder spielte, erzählte ich den Anwesenden, daß ich mich vor einigen Jahren noch um diesen Auftritt gedrückt hätte. Ich hätte wohl Terminprobleme vorgeschoben, nur um mich nicht so direkt mit dem Tod konfrontieren zu müssen.

Es bedarf wohl der Erfahrung eigenen Leidens, um sich in das manchmal so unvorstellbare Leiden unserer Mitmenschen hineinfühlen zu können.

So nützlich die intellektuelle Vorstellungskraft auch ist – wirklich weiter bringt uns nur die Erfahrung. Lebendiges Wissen wird das seit alters genannt, gelebtes Wissen. Deshalb ist es auch so müßig, mit Leuten, die sich weigern, zu meditieren oder zu beten, über die *philosophia perennis* zu diskutieren.

Die Möglichkeit der Existenz des Geistes jenseits des rationalen Verstandes kann für sie nicht bestehen, denn rationaler Verstand und Geist sind für sie ein und dasselbe. Bede Griffiths schreibt: »Wenn man versucht, weiterzusuchen, ist man für sie ein Verrückter. Wenn man bestimmten Menschen sagt, hinter dem dualen Verstand und seinen Konzepten gäbe es die absolute Weisheit, glauben sie, man sei verrückt. Aber dies verstehen wir unter einem Mysterium, und dies proklamierte der hl. Paulus als Weisheit und Geheimnis Christi.

Ich bin davon überzeugt, daß es mehr als Wissenschaft, Philosophie und rationales Wissen gibt.«

Don Bede war davon überzeugt, weil er sein Leben dem Gebet und der Kontemplation geweiht hatte. Er hat wohl in die *unio mystica* hineinschmecken dürfen, und so gerne ich ihm zuhöre, uns beiden ist stets bewußt, wie nahezu unmöglich es ist, Erfahrungen, die man in den Tiefen des Geistes, jenseits des Verstandes machen durfte, mit Worten, den Symbolen des Verstandes, auszudrücken.

Lassen Sie sich bitte nicht durch meine religiöse Diktion verwirren.

Ich verstehe jeden, den das Wort Gott verstört, in einem Jahrhundert, in dem die Kriege im Namen Gottes beileibe nicht ausgestorben sind.

Und doch glaube ich, kann man verbrauchte und mißbrauchte Worte nicht einfach entsorgen und, wie das gerne getan wird, durch modernistische Ausdrücke ersetzen. Man muß sich die Worte erarbeiten, erleiden, muß sie mit neuem Leben beseelen, über ihre Inhalte immer wieder nachdenken, auch auf die Gefahr hin, mißverstanden zu werden. Denn wenn wir diese Gefahr nicht eingehen, müssen wir uns stets auf dem kleinsten gemeinsamen Verständnisnenner treffen, was eine gnadenlose Nivellierung der Inhalte zur Folge hat. Am Beispiel Fernsehen und seinem Prinzip des *fast thinking* ist das deutlich nachzuvollziehen. Der Druck der Einschaltquote setzt sich in Zeitdruck um, und so bleibt nichts anderes übrig, als in Gemeinplätzen zu schwafeln. Wie Pierre Bourdieu in seinem Essay »Über das Fernsehen« schreibt, gelingt auf diese Weise die Kommunikation augenblicklich, weil sie in gewisser Weise gar nicht stattfindet. Oder nur zum Schein. Der Austausch von Allgemeinplätzen ist eine Kommunikation ohne anderen Inhalt als eben den der Kommunikation. Die Gemeinplätze haben den Vorteil, daß jedermann sie augenblicklich aufnimmt und versteht. Auf Grund ihrer Banalität sind sie dem Sender wie dem Empfänger gemeinsam. Im Gegensatz dazu ist Denken von vornherein subversiv: Es muß damit beginnen, die Gemeinplätze zu demontieren. (Diese Demontage habe ich unter anderem immer auch als Aufgabe des Lieder- und Gedichteschreibers gesehen.)

2

In Zeiten der inneren Heimatlosigkeit hat Gesetzestreue Hochkonjunktur.

Nicht unbedingt, weil man alle Gesetze für richtig hält, sondern weil man es für richtig hält, daß äußere Gesetze eingehalten werden. Und wenn schon nicht immer von einem selbst, dann doch gefälligst von den anderen.

Mein Berufungsrichter, der Normopathie nicht unverdächtig, berief sich immer wieder auf die Buchstaben des Gesetzes, die, wie er sehr wohl weiß, selbst in Bayern eine große Auslegungsbandbreite haben. Und seine subjektive Interpretation der Gesetze erklärte er zur unumstößlichen Wahrheit. Sicherlich kein Sonderfall, aber nach 12 Prozeßtagen begann mir diese Selbstherrlichkeit den Hals zu schnüren.

Jeder Versuch, auch nur etwas über den Tellerrand seines vorgefertigten Weltbildes hinauszublicken, scheiterte an seinem begrenzten Imaginationsvermögen, und dabei hatte er wirklich die Chance, einen vielleicht auch ihm neuen Einblick in die verheerenden Auswirkungen einer ihm sicher neuen Droge zu gewinnen.

Nicht so sehr, *welches* Urteil er sprach, erschütterte mich, sondern *wie* er es sprach. Wie einer, der weiß, wo Gott wohnt:

In Bayern.

80097 München

Nymphenburgerstraße 16

Es geht mir in diesem Buch, das in keinem Punkt Anspruch auf Allgemeingültigkeit erhebt, sondern einzig von meinem subjektiven Erleben geprägt ist, nicht einfach darum, die Freigabe von Drogen aller Art zu fordern. Das wäre zu bequem. Vielmehr möchte ich zum Nachdenken anregen über einen sensibleren Umgang mit den Phänomenen Rausch und Sucht.

So begeistert ich früher das Recht auf freien Umgang mit Drogen propagiert hatte, so vorsichtig bin ich heute geworden. Seit dem Beginn des industriellen Zeitalters ist der Genuß von Rauschmitteln, wie das Alexander Kupfer so treffend in seinem empfehlenswerten Buch »Göttliche Gifte« darlegt, nicht mehr ausschließlich eine Angelegenheit der Gemeinschaft, die sich zum Wein des Abendmahls oder auch zum profanen Ausschank in Wirtshäusern zusammenfindet, zu den griechischen Symposien oder den römischen Bacchanalien, zum rituellen Verzehr des Götterfleisches heiliger Pilze, zum ernsten Meinungsaustausch in den Kaffeehäusern. Der einsame Trinker und Drogenkonsument ist eine moderne Erscheinung. Er verfügt nicht mehr über die Geborgenheit und die soziale Absicherung durch einen gemeinschaftlichen, meist rituellen Hintergrund der Drogeneinnahme.

Der Drogenkonsument von heute, auch wenn er mit noch so hehren und hochgeistigen Ansprüchen begonnen haben mag, Rauschmittel zu konsumieren, erliegt unweigerlich den Mechanismen unserer schnellebigen, profitorientierten Gesellschaft. Entweder wird das Gift ein Hilfsmittel, eben diesen Mechanismen zu entfliehen, oder es soll einem helfen, sich mit ihnen einfach besser zu arrangieren. Das gemeinsame Einnehmen von Drogen heute ist nur noch ein billiger Abklatsch der vorher erwähnten rituellen Einnahme früherer Kulturen. Heute sind es Zweckgemeinschaften, in denen jeder einzelne jederzeit bereit ist, dem anderen für ein Gramm Heroin oder ein Kügelchen Crack das Messer in die Brust zu stoßen.

Ebenso wird man einen Junkie wohl kaum davon überzeugen können, daß die Droge nur an bestimmten religiösen Festtagen einzunehmen sei, womit natürlich die Gefahr der Suchtbildung recht zuverlässig ausgeschlossen wäre. Unsere moderne Gesellschaft läßt uns eigentlich gar nicht mehr die Chance, die bewußtseinsverändernden Wirkungen von Drogen positiv für unser Denken und Leben auszuschöpfen. Wir sind derart suchtgefährdet, daß uns alles, was unsere Leere auch nur ein bißchen auszufüllen scheint, ohne großen Umweg in das Gefängnis der Abhängigkeit befördert.

Wer heute illegale Drogen nimmt, oft weil er sich auflehnt gegen eine von Vorurteilen und Feindbildern geprägte Moral, versucht mit ihrer Hilfe seinen Standort zu bestimmen in einer fremdbestimmten Welt und gerät dadurch meistens nur wieder in eine Fremdbestimmung. In eine irrlichternde Welt von Halluzinationen und Psychosen, die nichts zu tun hat mit der Entdeckung des wirklichen Seins hinter der Welt der Täuschungen, von dem die Mystiker und Heiligen aller Kulturen seit Jahrtausenden berichten.

Aber wir dürfen dem Süchtigen unsere Zuneigung nicht entziehen, denn er ist ein Suchender, einer, der sich nicht zufriedengeben will mit dem Talmi, das unsere Gesellschaft für die Suche nach dem Glück zur Verfügung stellt.

Manchmal bedarf es erst eines großen Zusammenbruchs, um sich bewußt zu werden, daß man das Glück sein Leben lang an der falschen Stelle gesucht hat. Diesen Zusammenbruch als Anfang einer neuen Selbstbestimmung zu sehen, hier nun liebevoll und helfend einzugreifen, stünde einer modernen Gesellschaft besser an als einfallsloses Wegschließen.

Zumal mir unverständlicher ist als je zuvor, wie es auch in Zukunft unsere Justiz mit dieser scheinheiligen Doppelmoral halten will, an legalen Räuschen Geld zu verdienen, sie sogar zu verherrlichen, Politiker mit Maßkrügen in der Hand zu Werbezwecken abzulichten, und andere Räusche (im Falle von Haschisch sogar bedeutend harmlosere) als Verbrechen an der Gesellschaft zu brandmarken.

Die Volte, die mein Richter zu schlagen hatte, als er mir, Zeugen- und Gutachteraussagen zum Trotz, keine Unzurechnungsfähigkeit für den Einkauf und die Einnahme meiner Drogen (um ein anderes Verbrechen [!] ging es bei diesem Prozeß nicht) zugestand, ist ihm nicht gelungen. Er hat zwar sein Urteil durchgesetzt, aber nach Meinung der meisten Prozeßbeobachter und Journalisten an Glaubwürdigkeit verloren. Zu guter Letzt nämlich zählte nur noch der von der Staatsanwaltschaft bestellte Gutachter, ein Fachmann für

Alkoholkranke, der allem Anschein nach mit Crackabhängigen noch kaum Erfahrung hatte; die Aussagen der Gutachter und Zeugen der Verteidigung wurden vom Amtsrichtertisch gewischt. Hätte ich im selben Ausmaß, wie ich Base geraucht hatte, gesoffen, wäre mir Unzurechnungsfähigkeit, wie so vielen anderen der Justizgeschichte, sicherlich zuerkannt worden. Aber mit der verbotenen Droge kann nicht sein, was nicht sein darf. Die Angst vor einem Präzedenzfall, der womöglich die bayrische Drogenpolitik hätte unterminieren können, war zu groß. Da dem Gericht eine so hohe Dosierung unbekannt war, wollte man einfach nicht wahrhaben, daß ein Kokainkonsum zwischen 5 und 10 Gramm täglich zwangsläufig zu Psychosen führen muß. Da müssen eben über zwanzig Zeugenaussagen (darunter auch ZeugInnen der Anklage) abgewürgt, verdreht und lächerlich gemacht werden.

Ich versuche damit zu zeigen, mit welchen unlauteren Mitteln ein System sich zu behaupten versucht, das sich der Fragwürdigkeit seines Unterfangens durchaus bewußt ist. Am achten oder neunten Prozeßtag, als mir die immer gleichen Zeugenaussagen über meinen körperlichen und psychischen Zustand einfach zu viel wurden, bat ich meinen Anwalt, die Ladung weiterer Zeugen zurückzunehmen, was aus juristischen Gründen nicht mehr möglich war.

Ich bereitete einen Text zum Verlesen vor dem Gericht vor, den ich auszugsweise hier wiedergeben möchte:

Hohes Gericht,

nachdem ich nun einige Tage Zeit hatte, mir dieses Verfahren wieder und wieder durch den Kopf gehen zu lassen, möchte ich von dem Antrag meines Verteidigers, weitere Entlastungszeugen für mich sprechen zu lassen, Abstand nehmen.

Obwohl psychisch gestärkter als in der Hauptverhandlung, möchte ich meine so wunderbar wiedergewonnenen Energien nicht in einem weiteren Procedere aufreiben, das, wie ich glaube, ebenso an der vorgefaßten Meinung des Staatsanwaltes scheitern wird wie an der unverrückbaren Ansicht des geschätzten Herrn Gutachters.

Ich zweifle nicht an einer wissenschaftlichen Kompetenz des vom Gericht bestellten Herrn Gutachters – aber ich zweifle an der alleinseligmachenden Lehrmeinung eines einzigen Gutachters.

Schon ein kurzer, unvoreingenommener Blick auf unsere desolate Umwelt sollte uns davon überzeugen, daß Wissenschaftler nicht annähernd so unbestechlich, wahrhaftig und allwissend sind, wie sie es uns weismachen wollen. Und ein kurzer Blick auf die Geschichte wissenschaftlicher und juristischer Irrtümer sollte uns alle etwas weniger gläubig sein lassen.

Um nur ein Beispiel zu nennen – es ist nicht allzu lange her, daß Homosexualität als Krankheit diagnostiziert und strafrechtlich verfolgt wurde.

Erlauben Sie mir ein kurzes Zitat aus einem Buch des »Einsteins der Bewußtseinsforschung«, des großen amerikanischen Philosophen und wichtigsten Vertreters der transpersonalen Psychologie, Ken Wilber: »Der physische Kos-

mos soll irgendwie die wirklichste Dimension sein, und alles übrige wird in Begriffen dieser materiellen Ebene erklärt. Aber eine solche Vorgehensweise kann man nur als äußerst brutal bezeichnen. Sie klatscht den ganzen Kosmos an die Wand des Reduktionismus, und alle Bereiche verbluten langsam vor unseren Augen. Geht man so mit einem Kosmos um?«

Ich zitiere diese Sätze, um einem Verständnis dafür auf die Sprünge zu helfen, daß sich unsere Wissenschaft, und gerade die Psychologie, in einem dramatischen und ans Wunderbare grenzenden Wandel befindet. Alte Werte sind dabei, zu verfallen oder zu emergieren.

In den letzten Monaten hatte ich viele Anfragen, meinen Erlanger Vortrag zur Tagung der Bayerischen Nervenärzte zu lesen und Workshops zu halten in Schulen, Therapiezentren, aber auch vor Fachleuten, denen die Sicht des Betroffenen wertvoller erscheint als Dogmen ihrer Lehrbücher. Und als der Herr Schöffe den Gerichtsgutachter fragte, ob es Fachleute gäbe, die seiner Ansicht grundlegend widersprechen würden (was er in unvergleichlicher Art weder abgestritten noch bestätigt hat), hätte ich am liebsten aufgeschrien:

»Natürlich gibt es die. Mein Pech ist nur, daß diese Herren nicht Gutachter der Staatsanwaltschaft des Münchner Landgerichts sind.«

Der Durchleuchtung der menschlichen Seele steht nun mal kein Röntgenapparat zur Verfügung, und sie bedarf deshalb der besonderen Fürsorge. Jeder hier im Raum würde vernünftigerweise vor einer großen Operation mehrere Ärzte befragen. Nur: einem Angeklagten soll gefälligst ein *Fachmann genügen. Und das bei einem Thema – geistige Verwirrung oder nicht, Normalität oder Psychose, individuelle Freiheit oder pathologische Verkennung der Wirklichkeit – einem Thema, das wie kein anderes früher wie heute von politischen Interessen aller Art ausgebeutet und mißbraucht wurde.*

Ich fürchte, es steht unausgesprochen die Sorge im Raum, dieser Fall könnte zu einem Präzedenzfall werden.

Im Sinne aller Süchtigen wäre mir das nur recht.

Glichen nicht die letzten Verhandlungstage mehr einer Veranstaltungsreihe der forensischen Psychiatrie denn einem Gerichtsverfahren?

Sicherlich habe ich eine strafbare Handlung wissentlich begangen, in der Anfangszeit meiner Sucht, und obwohl man das in einem liberaleren Rechtssystem auch anders betrachten könnte, habe ich mich dem zu stellen.

Aber weshalb es den Herren Fachleuten – denn auch der Herr Staatsanwalt geriert sich als Fachmann – nicht einleuchten mag, daß bei einer derart hohen Dosierung die Grenze zur Unzurechnungsfähigkeit sehr schnell überschritten ist, ist offensichtlich.

Das könnte bei den Prozessen gegen andere Suchtkranke Schule machen.

Mancher mag nun der Meinung sein, ich solle gefälligst nicht jammern und meine gerechte Strafe abbüßen.

Aber erst heute, da ich genesen bin, ist mir die Schwere meiner damaligen Krankheit so richtig bewußt geworden, und deshalb habe ich den Kampf aufgenommen.

Trotzdem möchte ich den Zeugen und mir die weiteren Schilderungen meines schrecklichen Zustandes ersparen.

Ich glaube, der Staatsanwalt ließe sich auch durch eine Armee von weiteren Zeugen nicht mehr von seiner Linie abbringen. Und ich habe Gott sei Dank so abgeschlossen mit der damaligen Zeit, daß ich mir, den Zeugen und den anwesenden Damen und Herrn von der Presse weitere demütigende Schilderungen ersparen möchte, so sehr sie mich auch entlasten mögen.

Niemandem wäre es wohl angenehm, nach einer Darmoperation immer und immer wieder die Funktion seines Anus praeter zur Schau zu stellen.

Mag ich noch so bewußt in meine Krankheit geschlittert sein – irgendwann war ich nun mal krank, und es gehören starke Nerven dazu, die Symptome des eigenen Verfalls sich immer und immer wieder in den lebhaftesten Farben schildern zu lassen.

Wem die bisherigen Zeugenaussagen nicht genügten, dem werden neue nicht mehr neue Erkenntnisse bringen.

Sicherlich hätte ich mir Vergünstigungen einkaufen können, wenn ich auf die unsittlichen Angebote des Staatsanwaltes eingegangen wäre.

Er machte mich schon am Tag meiner Verhaftung auf die Möglichkeit einer Strafmilderung aufmerksam, wenn ich über andere Konsumenten auspacken würde.

Unsittlich nenne ich dieses Angebot deshalb, weil es fast nie die wirklichen Hintermänner trifft, sondern wie so oft meist nur die armen, ebenfalls süchtigen Schweine.

Mit meiner Ethik läßt sich so ein Deal nicht vereinbaren, auch wenn er, wie am Beispiel meiner Dealerin zu sehen, zu erstaunlich milden Strafen führt. Ich gönne ihr das von Herzen.

Außerdem sollte uns Deutsche die jüngere und jüngste Vergangenheit lehren, mit staatlich gefördertem Verrat äußerst behutsam umzugehen.

Zum Schluß möchte ich noch anmerken, daß ich mich des Eindrucks nicht erwehren kann, es sei dem Vertreter der Staatsanwaltschaft nicht im geringsten daran gelegen, gegen einen gesunden, therapierten Angeklagten zu verhandeln, sondern es würde ihm weitaus besser ins Konzept passen, mich am Bahnhof immer und immer wieder verhaften zu lassen und einzusperren. Damit könnte er sein Konzept der Abschreckung besser untermauern. Diesen Gefallen werde ich ihm nicht tun, und ich hoffe, mein Beispiel wirkt, so abschreckend es ist, auch ermutigend für viele Suchtkranke, egal, wie das Gericht sich entscheidet.

Denn irgend etwas muß sich ändern an der Drogenpolitik hierzulande.

So wie man Aids-Kranke nicht unterscheiden sollte in Böse, nämlich solche, die sich beim Geschlechtsverkehr angesteckt haben, und Gute – zum Beispiel durch Bluttransfusion infizierte –, so sollte man Suchtkrankheit in erster Linie auch als Krankheit sehen.

Eine Krankheit zum Tode, die aber zu besiegen ist, wenn man sie nicht durch starre Gesetze zusätzlich noch dem Untergang weiht.

Und sollte der Herr Staatsanwalt seinen Prozeß gewinnen, werde ich ihm mit einer Zeile aus einem meiner liebsten Lieder entgegnen:

»Es geht ums Tun und nicht ums Siegen.«

Er hat gewonnen.

Ich habe natürlich nicht gesungen.

Ich war zu sprachlos, um zu singen und, ehrlich gesagt, auch ganz froh, daß diese Psychopeepshow erst mal ein Ende hatte. Es hatte sich bestätigt, was ich vermutet hatte: es hätten noch so viele Zeugen aussagen können. Das Urteil stand fest. Basta.

Die Art und Weise, wie der Richter Zeugen einschüchterte, die irgendwo eine kleine Unsicherheit zeigten, weil sie zu großen Respekt vor diesem hohen Gericht hatten oder sprachlich nicht allzu gewandt waren, widerte mich an.

Immer wieder wurde die große Gefahr verbalisiert, die Kokain für die Gesellschaft darstellt. Als mir diese Gefahr hätte nützen können, weil ich ja in erster Linie ein Opfer dieser Droge war, wurde ihre Wirkung verharmlost. In meinem Schlußwort sagte ich dem Staatsanwalt:

Wenn die Droge so ungefährlich ist, wie es der Herr Staatsanwalt plötzlich zu erklären versucht, weshalb ist es dann ein Verbrechen, sie zu besitzen? Sie macht übergewichtig, man schwitzt, man kann sich seine Texte nicht mehr merken – das gesteht man mir zu. Aber das kann man vom Starkbier auch behaupten.

Doch im Gegensatz zu diesem erstaunlichen Gesinnungswandel der Justiz weiß ich aus bester Quelle, wie gefährlich Kokain wirklich sein kann, wie es die Psyche und die Seele radikal zu verändern vermag.

Ein Journalist hat mich vor einigen Tagen gefragt, ob denn der Staatsanwalt mittlerweile meine frühere Para-

noia übernommen habe. Mittlerweile denke ich, da muß etwas dran sein, denn anders kann ich mir nicht vorstellen, daß man über 20 Zeugen zu unterstellen versucht, sie würden einzig und allein mir zuliebe Geschichten über meinen psychotischen Zustand, meine Halluzinationen und meinen Verfolgungswahn erfinden.

Meine Teufels- und Dämonenvisionen werden damit abgetan, daß ich schon immer einen Hang zur Mystik gehabt hätte.

Aber ich weiß sehr wohl zwischen Mystik und halluzinatorischen Zwangsvorstellungen zu unterscheiden.

Mystik ist inneres Gewahrsein, geboren aus Ruhe und Stille, ist Warten auf das Sprechen Gottes in einem selbst. In meinen schlimmsten Drogenzeiten aber fühlte ich mich verfolgt von Mächten außerhalb meiner selbst, etwas in mir projizierte mein zerrüttetes Ich in Teufelsfratzen und bösartige Zwerge. In mystischen Momenten sucht man Selbstbestimmung, in der Zeit meiner Suchtkrankheit war ich fremdbestimmt.

Diese Fremdbestimmung wollte ich in den ersten Befragungen, die man noch während meiner Untersuchungshaft angeordnet hatte, nicht wahrhaben. Ich wollte meine persona schützen, dieses dem Selbst vorgestellte Ich, das natürlich auch nach zwei Wochen Entzug nicht wahrhaben will, daß es zusammengebrochen ist. Erst jetzt bin ich langsam soweit, dies meiner Krankheit zuzuschreiben und zu akzeptieren.

Niemand ist gerne krank im Geiste, und ich mußte unter anderem auch in diesem Prozeß, bedingt durch Zeugenaussagen, die mir zum Großteil unbekannt und schon gar *nicht angenehm waren, lernen, meinen Wahnsinn als Bestandteil meiner Biographie zu akzeptieren.*

Noch einmal möchte ich hier betonen, daß mein Suchen nach Wahrhaftigkeit, das, wie ich hoffe, durch mein bisheriges Leben, meine Texte und meine Lieder gut belegt ist, es mir, ebenso wie der grundmenschliche Trieb, meine Würde zu wahren, verbieten würde, unter den Augen der Öffentlichkeit Wahnvorstellungen zu erfinden und Zeugen zu bestechen – und das alles nur wegen ein paar Monaten Knast?

Wie haben Sie doch versucht, meine Zeugen zu demontieren. Vor allem Frauen. Vor allem jene Frauen, die emotional verunsichert waren, weil sie mich einmal geliebt haben.

Aber, da Sie sich ja immer wieder mal gern als Kenner der Psychologie gerieren, sollten Sie doch auch wissen, daß Unsicherheit nicht ein Beweis für Lug und Trug sein muß, sondern auch mit Sensibilität zu tun haben kann, mit verletzten Gefühlen, auf die auch ein Staatsanwalt Rücksicht nehmen könnte.

Und gerade für einen Liebenden entfallen doch alle unwichtigen Details wie Uhrzeiten und Termine im Vergleich zu der ungeheuerlichen Entdeckung, den Geliebten als wahnbesessenes, eiskaltes Monster zu erleben. Dieses schreckliche Erleben verdrängt doch alles andere.

Warum hätten mir denn selbst von Ihnen geladene Zeuginnen helfen sollen, selbst Frauen, denen gegenüber ich mich monströs und unfair benommen habe?

Vielleicht, Herr Staatsanwalt, haben diese Zeugen einfach die Wahrheit gesagt!

Es ist mir schon klar, daß Sie das kaum in Ihren sonstigen Drogenprozessen erleben. Da bringen Sie die Leute dazu, sich gegenseitig zu beschuldigen und zu belasten.

Es kann sein, Herr Fuchs, daß Sie mir mit meiner Verhaftung das Leben gerettet haben.

Nun wundert es mich, warum Sie es mir mit allen möglichen Winkelzügen wieder verbauen wollen.

3

Im Sommer 1998 wurde ich von Professor Stephan Rudas, dem von mir hochgeschätzten Leiter des Psychosozialen Dienstes in Wien (einer gemeindenahen Einrichtung zur ambulanten psychiatrischen Behandlung) gebeten, einen Workshop zu halten mit Psychoanalytikern, Therapeuten und Suchtbeauftragten.

Nachdem ich meinen Vortrag gelesen hatte, schenkte mir eine junge Ärztin Camus' »Mythos von Sisyphos« mit folgender Widmung:

»Nach der Sinnsuche kommt die Klarheit des Geistes und das Nichts und Gott ist vielleicht nirgends?«

Zum Abschluß sang ich dann noch ein paar Lieder und las Gedichte, und daraufhin schrieb sie mir in dasselbe Buch:

»Es war alles da. Auch der Unsinn. Mein Buch ist überflüssig. Behalten Sie es trotzdem.«

Es ist mir bewußt, daß ich mit diesem Buch meine Leser nicht in dieselbe Stimmung werde versetzen können, wie mir das meistens bei meinen Konzerten gelingt.

Es hat sich doch im Laufe der letzten 30 Jahre poetischer und musikantischer Sinnsuche gehörig viel Unsinn angesammelt, den ich meinen Zuhörern nie vorenthalten wollte. Diesem Text aber fehlt zweifellos das anarchische, unbedachte, schwelgerische und spielerische, das viele meiner Lieder, Gedichte und Texte bis jetzt ausgezeichnet hat. Aber ich habe eben nicht nur gespielt, sondern am Ende mir auch einiges verspielt, und deshalb ist es für mich jetzt durchaus angebracht, mich den Fragen des Lebens und Überlebens auch mal mit einem gewissen »heiligen Ernst« zu stellen, mit diesem »guten Eifer«, von dem in den Psalmen so schön die Rede ist.

Will man heute den handelsüblichen *small talk* einmal mit einer nicht den allgemeinen Konsens bedienenden Frage vermeiden, erntet man als Antwort meistens ein: »Sei doch nicht so verbissen.«

Und Verbissensein ist ganz schön uncool! Nicht zuletzt auch deshalb scheint es mir der rechte Zeitpunkt zu sein, mich mal wieder so richtig in ein Thema hineinzubeißen, auch auf die Gefahr hin, verbissen zu wirken. Und ich meine, etwas von diesem »heiligen Ernst« stünde uns doch allen wieder mal ganz gut zu Gesicht.

Ich habe mich entschieden, mir von nun an lieber Zeit zu nehmen, anstatt sie totzuschlagen.

»Geduld ist der Schlüssel zur Freude«, heißt es in einem Gedicht der Sufis – aber wie schwer fiel es mir doch mein Leben lang, geduldig zu sein.

Ungeduld ist die Tugend des Erfolgreichen, Ungeduld hat Sexappeal, aufbrausendes Nicht-warten-können gehört zum männlichen Bossverhalten.

Der Erfolgreiche muß sich nicht einreihen, seine Plätze im Restaurant sind immer reserviert, ihm öffnen sich Frauenschenkel ohne zeitraubendes Gebalze.

Ungeduld ist das Privileg der ewig Jugendlichen, der stets Dynamischen, von Einladung zu Einladung hetzenden. Den Nimmersatten werden Denkmäler in den Klatschspalten errichtet. Wie will man so einen Wettkampf ohne Doping durchstehen? Und trotz Glimmer und Glanz ist dieses aufgestylte Powerpeople nur Mittel zum Zweck. Nichts als nützliche Vorzeigeidioten. Denn wer verdient schon am Genügsamen, wer kann ihm seine nutzlosen Produkte aufschwatzen? Er ist marktwirtschaftlich untauglich.

Ich selbst habe viel zu lange die Ungeduld und die Rastlosigkeit zum Fetisch erhoben, wohl ahnend, daß der Eitelkeit am besten gedient ist, wenn man seine Schwächen zur Tugend stilisiert.

Trotzdem stehe ich zu meinem »genug kann nie genügen« und zur Sinnlichkeit, denn anerkanntermaßen bilden, und das wissen wir spätestens seit Kant, unsere Sinnesempfindungen unser einziges Wissen von den Dingen. Eine objektive Welt bleibt, so verlockend das auch sein mag, eine Hypothese. Wie anders als durch die Sinne sollten wir also auch zum Übersinnlichen stoßen?

Und da jedes Alter auch seine eigene Zeit hat, wäre es dumm und überheblich, einem Jugendlichen vom überschwenglichen und zuweilen sicher auch gefährlichen Austoben, Durchschmecken und Durchleben seiner Sinne abraten zu wollen. Nur die wie Unkraut aus dem Boden schießenden Berufspubertären meines Alters sollte man getrost mit Rilke zur Einsicht mahnen: »Wer jetzt kein Haus hat, baut sich keines mehr ...«

Nun gilt es also, die Muße zu lernen und die dabei entstehende Langeweile Schritt für Schritt zu durchleben, ja vielleicht sogar zu genießen.

Wenn wir uns der Melancholie der Ruhe und der Einsamkeit bis zum Ende verweigern, wenn wir immer nur »fast thinken« statt nachdenken, bleiben wir immer Kinder des Kronos und werden wir nie den Kairos erleben, das Nu, den Augenblick, der außerhalb der Zeit liegt und in dem uns vielleicht ein Wissen erwartet, das – nie zu erreichen mittels des diskursiven Verstandes – uns ein höheres Verständnis vom Mysterium des Lebens gewährt.

Anhang

STEFFEN UFER: *Prozeß aus der Sicht des Verteidigers*
PROF. DR. WOLFGANG POSER:
Kurzgutachten über Konstantin Wecker
MICHAEL THIEM: *Offener Brief an Konstantin Wecker*
LEO UND WALTRAUD PORTHMANN:
Verstehen ist besser als Strafen
ERWIN TOCHTERMANN: *Jenseits von Gut und Böse*
(Kommentar zur Berufungsverhandlung)
CLAUDIUS SEIDL: *Die Joint-Inventur.*
Warum sich unsere Kultur an die illegalen Drogen gewöhnen muß.
Stichwort »Rausch« (aus: Handwörterbuch für Theologie und
Religionswissenschaft)
HANS SCHUH: *Alkohol – Opium fürs Volk*
CATHRIN KAHLWEIT: *Vom Stein zermalmt*
(Crack in Frankfurt)
Foto: Einladung der CSU zur Diskussion über
»Drogenfreie Gesellschaft – eine Utopie?«

Steffen Ufer:
Der Prozeß aus der Sicht des Verteidigers

Konstantin Wecker wurde am 30. 11. 1995 wegen des Erwerbs von ca. 1,7 kg Kokain verhaftet. Er gab sofort zu, diese Gesamtmenge erworben zu haben, zumal ja auch die einzelnen Erwerbshandlungen im Bereich zwischen 10 und 100 g über Telefonüberwachungen beim Dealer und dessen Frau sowie anhand der von Konstantin Wecker bei der Bank des Dealers sichergestellten Schecks und aufgrund der Aussage der Ehefrau des Dealers feststand (die Frau des Dealers hatte zwar eifrig bei der Einfuhr und beim Verkauf von Kokain mitgewirkt, verschaffte sich aber durch Benennung der Abnehmer ihres Mannes einen sog. Kronzeugen-Rabatt nach § 31 BtmG – welche Pervertierung des Gesetzeszwecks! Der Gesetzgeber wollte damit natürlich den Konsumenten und Kleindealern eine Verbesserung ihrer Position anbieten, wenn sie Hinweise auf ihre Lieferanten gegeben hatten). Wie Konstantin Wecker in seinem Text schon darstellte, wird diese Gesetzesbestimmung immer mehr dazu verwendet, Konsumenten, d.h. Abhängige oder Süchtige, zum Denunzieren ihrer Mitkonsumenten zu veranlassen.

Wecker wies ein ähnliches Angebot des Staatsanwalts empört zurück, obwohl klar war, daß er aufgrund seiner allgemeinen Großzügigkeit und seiner Rauschzustände zuließ, daß ein Bruchteil der von ihm erworbenen Drogen auch von Freunden und Bekannten mit konsumiert wurden.

Obwohl die Pressesprecher der Polizei und der Justiz Konstantin Wecker zum großen Drogenmonster aufbauten, hatte er in der von mir beantragten Haftprüfung großes Glück. Er geriet an einen überaus sensiblen, engagierten Ermittlungsrichter, der sich noch Monate vorher als eifrig verfolgender bayerischer Drogenstaatsanwalt profiliert hatte.

K. W. konnte den mutigen Ermittlungsrichter davon über-zeugen, daß er schon in der kurzen Untersuchungshaft aus-reichend Distanz zu seinem exzessiven und beinahe töd-lichen Drogenleben gewonnen hatte. Er hatte sein neues Gefühlsleben und die Ablehnung des Drogenirrwegs in ein schönes Gedicht gekleidet, das er in einer sicher in der deut-schen Justizgeschichte einmaligen Aktion auch zum Leid-wesen des Staatsanwalts in der Haftprüfung vortragen durfte und das schließlich als Anlage zum Haftprüfungsprotokoll Aktenbestandteil wurde.

Durch strenge Auflagen, die eine laufende Untersuchung der Haare, des Blutes und des Urins einerseits und die Teil-nahme an einer Drogentherapie andererseits beinhalteten, gab der Richter ein damals sicher notwendiges Korsett. An-dererseits war allen Verfahrensbeteiligten klar, daß sich mein Mandant dem Verfahren nicht entziehen würde. Ich unterstrich meine Überzeugung sogar mit dem Angebot ei-ner persönlichen finanziellen Bürgschaft, das auch ange-nommen wurde. Gleichwohl versuchte der Staatsanwalt, die harte bayerische Drogenpolitik im Wege einer Haftbe-schwerde durchzusetzen. Es durfte einfach nicht sein, daß jemand knapp 2 kg Kokain erworben hatte und nun nicht in Haft bleiben sollte. Die Frage des Eigenkonsums, der offen-kundig stark eingeschränkten Schuldfähigkeit etc. durften hier keine Rolle spielen.

Konstantin Wecker nutzte die vorläufig gewährte Freiheit mit dem zwischenzeitlich allseits bekannten Erfolg. Im Herbst 1996 fand sodann die erstinstanzliche Verhandlung gegen ihn statt. Er wurde rein rechtstechnisch wegen des un-erlaubten Besitzes von Betäubungsmitteln in nicht geringer Menge in 23 Fällen zu einer Gesamtfreiheitsstrafe von zwei Jahren und sechs Monaten verurteilt. Das Schöffengericht ging davon aus, daß er seit 1978 Kokainmißbrauch betrieben hatte, der nur von relativ kurzen Pausen von Abstinenz unterbrochen war, und daß er sich ab Anfang 1994 das Rauchen von Kokain in Base-Form angewöhnt hatte. Der von der Staatsanwaltschaft bestellte Gutachter und das Gericht erwiesen sich in dieser Hauptverhandlung als absolut lernunfähig. Nachdem K. W. während des gesamten Ermittlungsverfahrens seinen psychischen Zustand zur Zeit des Konsums von Kokain noch verharmlost hatte, berichteten zur Überraschung aller Verfahrensbeteiligten die beiden mitangeklagten Ex-Mitarbeiterinnen von schlimmsten paranoiden Zuständen. Immerhin bewilligte der Erstrichter die gesetzlich mögliche Zurückstellung von zwei Jahren aus der ausgesprochenen Strafe (§ 35 BtmG) und stützte das Urteil allein auf die Notwendigkeit der Einwirkung auf den noch immer stark drogengefährdeten Angeklagten.

Dem Staatsanwalt war das Urteil zu milde, und er ging deshalb in die Berufung. Weil das neu gezeichnete Zustandsbild des Angeklagten einerseits eher den Hinweis auf totale Unzurechnungsfähigkeit ergab, andererseits die Strafverbüßung des inzwischen offenkundig voll Resozialisierten und Drogenentwöhnten keinen Sinn machen konnte, legte auch ich für den Angeklagten Berufung ein.

Im Sommer 1998, über 2 1/2 Jahre nach Abschluß der Drogenkarriere Konstantin Weckers, begann dann die sich zum vieltägigen Alptraum ausweitende Berufungsverhandlung, die schließlich mit einer Zurückweisung der Berufungen des Staatsanwalts und des Angeklagten endete.

Wecker hat das für ihn total entwürdigende Spektakel dieses extrem belastenden Prozesses in seinem Text sehr plastisch dargestellt.

Auch als Verteidiger, der ja nicht so unmittelbar und hautnah durch den hier verlangten Psycho-Striptease betroffen war, kann ich diese Schilderung nur bestätigen.

Der Gutachter Dr. Soyka beharrte letztlich auf einer strafrechtlichen Restverantwortlichkeit. Die von mir zugezogenen Gutachter Professor Dr. Poser und Professor Dr. Lauter schränkten die Zurechnungsfähigkeit Weckers erheblich ein. Sie gingen von langen Phasen einer totalen Aufhebung des Steuerungsvermögens aus. Auf das Gutachten Professor Dr. Poser (im Anhang abgedruckt) darf ich verweisen. Auch die schriftlichen Stellungnahmen der »Päpste« der forensischen Psychiatrie, Professor Forster und Professor Venzlaff, gingen in die Richtung einer Aufhebung des Steuerungsvermögens in Phasen erheblicher paranoider Beeinträchtigung.

Der Vorsitzende des Berufungsgerichts stellte seine eigene Überzeugung, daß hier immer noch eine Restverantwortlichkeit gegeben war, an die Stelle der Sachverständigenausführungen. Aus Abschreckungsgründen und wegen der Schwere der Schuld könne Konstantin Wecker trotz seiner zweifelsfrei gegebenen verminderten Schuldfähigkeit keine Bewährung bekommen.

Aus meiner Sicht erfreulicherweise hat dieser Richter auch die schriftlichen Urteilsgründe ähnlich abgefaßt. Er spricht hier zwar von einem schwer Süchtigen mit einer äußerst positiven Entwicklung seit Beendigung seiner Sucht. Gleichwohl verlange der Grundsatz des sog. Schuldausgleichs, d.h. der Sühne, daß Wecker nochmals ins Gefängnis müsse. Das vielleicht noch akzeptable Argument des Erstrichters, zur Einwirkung auf den Angeklagten eine gewisse Strafverbüßung zu verlangen, ließ sich nach nunmehr knapp drei Jahren schlechterdings nicht mehr aufrechterhalten. Jetzt bei einem ehemaligen Süchtigen, d.h. Drogenkranken, auf das Sühneprinzip zu verweisen, ist aus meiner Sicht aberwitzig.

Eine Diktion, die selbst mit der offiziellen, unversöhnlichen bayerischen Drogenpolitik nicht mehr vereinbar ist.

Da der Richter seine eigene psychiatrische Einschätzung über die der gehörten Gutachter gestellt hat und zudem mit seiner Begründung über jede im Bereich der Strafzumessung vertretbare Grenze hinausgegangen ist, kann eine Aufhebung des Berufungsurteils in der Revisionsinstanz erwartet werden. Nicht nur als eine Korrektur, die für Konstantin Wecker und sein neues Leben unbedingt notwendig ist und die er sich verdient hat, sondern auch als ein Signal in Richtung Vernunft und damit Gerechtigkeit.

Das aberwitzige Verfahren gegen K. W. wäre sicherlich außerhalb Bayerns unvorstellbar gewesen. Wenn schon der staatsanwaltschaftliche Gutachter Herrn Wecker öffentlich bescheinigt, daß er nicht nur vom Saulus zum Paulus geworden ist, sondern auch jetzt zum Vorbild für die Jugend, dann hätte es auch unter Anlegung strengster psychiatrischer Maßstäbe doch immerhin für eine Bewährungschance reichen müssen.

Ob die bayerische Justiz wenigstens mit ihren höchsten Richtern abseits von CSU-Drogenideologie urteilen kann, wird sich in Kürze zeigen. Es steht zu hoffen und ist auch wegen der Qualifikation sowie des Renommees der Richter am Bayerischen Obersten Landesgericht absolut zu erwarten.

München, im November 1998

Prof. Dr. Wolfgang Poser:
Aus dem Kurzgutachten über
Herrn Konstantin Wecker
Aktenzeichen: 21 Ns 338 Js 24762/95

Psychiatrische Diagnose:

Bei Herrn Wecker bestand in der Zeit von Februar bis November 1995 eine Kokain-Abhängigkeit vom Hochdosis-Typ mit konsekutiver Kokain-Psychose. Es handelte sich um einen Rückfall bei bereits vorher bestehender Kokain-Abhängigkeit, die u.a. in dem autobiographischen Buch »*Uferlos*« geschildert wurde.

...

Herr Wecker hat dann unter der extrem hohen Kokain-Dosis sehr schnell eine Kokain-Psychose entwickelt, die bei der Erstuntersuchung durch PD Dr. Mösler (21. 03. 1995) bereits voll ausgebildet war, dann aber in ihrer Intensität offensichtlich fluktuiert hat (außerordentlich unterschiedliche Zeugenaussagen über den Zustand von Herrn Wecker in den folgenden Monaten). Im Rahmen einer Hochdosis-Kokain-Abhängigkeit kommt es zu Aufhebungen oder schwersten Beeinträchtigungen von Steuerungsfähigkeit und Einsichtsfähigkeit in folgendem Sinne: Die Einsichtsfähigkeit wird durch den kokainbedingten Größenwahn insofern beeinträchtigt oder aufgehoben, als der Kokain-Einnehmer glaubt, einzigartig, der Größte, Gott o. ä. zu sein, für den die üblichen Regeln des menschlichen Zusammenlebens nicht gelten. Die Steuerungsfähigkeit ist zunächst unter der Kokain-Wirkung so weitgehend aufgehoben, daß der Betroffene mit allen Methoden Kokain nimmt, verändert oder beschafft, um ständig steigende Dosen zu sich nehmen zu können. Dieser Vorgang wird mit »Cocaine-binge« oder »Cocaine-run« bezeichnet.

Auch in den Stunden bis Tagen nach einem Kokain-Exzeß ist phasenweise die Gier auf Kokain erneut so extrem, daß eine normale Willenskraft nicht ausreicht, um dagegen anzukommen. Dieser Vorgang ist im Schema der Publikation von GAWIN und KLEBER dargestellt (Gawin FH, Kleber HD: Abstinence Symptomatology and Psychiatric Diagnosis in Cocaine Abusers. Arch Gen Psychiatry 43, 107–113, 1986). Die Phase, in der jederzeit extreme Gier (»high Cocaine craving«) auftreten kann, wird in der Fachliteratur mit einer bis zehn Wochen nach dem letzten Kokain angegeben.

Als Folge der Hochdosis-Kokain-Abhängigkeit bestand in dem hier zur Debatte stehenden Zeitraum eine Kokain-Psychose, die als solche die Kriterien für eine Aufhebung von Einsichts- und Steuerungsfähigkeit erfüllt. Die Psychose ist kenntlich an Verwahrlosung, Vernachlässigung, Fehlhandlungen (auch grobe), wechselnde berufliche Minderleistungen, Halluzinationen, Wahnideen und dem Gebrauch einer eigenen Sprache (American Psychiatric Association: Diagnostisches und statistisches Manual psychischer Störungen, DSM-IV, Hogrefe-Verlag, Göttingen–Bern–Toronto–Seattle, 1996). Die Psychose hat offensichtlich in ihrer Intensität fluktuiert, so daß sie zeitweise hochfloride war, zeitweise aber auch gering ausgeprägt oder nicht vorhanden oder zumindestens nicht feststellbar war. Die Häufigkeit von Psychosen wird unter Kokain-Benutzern mit 29 Prozent angegeben, bevorzugt bei solchen mit hohen Dosen (Mannschreck TC et al., Caracteristics of free base Cocaine psychosis, J Biol Med 61: 115–122, 1988).

Zusammenfassung

Bei Herrn Wecker findet sich für den Beginn des Rückfalls mit Kokain im Februar 1995 aus psychiatrischer Sicht kein Hin-

weis für eine Beeinträchtigung von Steuerungs- und Einsichtsfähigkeit. Danach hat sich schnell eine schwere Abhängigkeit
entwickelt, in der die Steuerungs- und Einsichtsfähigkeit durch
die Sucht aufgehoben war, erstmalig nachweisbar durch die
Untersuchung von Herrn PD Dr. P. Mösler. Zu diesem Zeitpunkt waren auch die Kriterien für eine Kokain-Psychose erfüllt, die in den folgenden Monaten wohl in fluktuierender
Weise vorlag. In den psychotischen Zuständen waren die
psychiatrischen Voraussetzungen für eine Aufhebung der
Schuldfähigkeit im Sinne des § 20 StGB gegeben.

PROF. DR. WOLFGANG POSER, *Arzt für Pharmakologie und
Psychiatrie, Professor für Klinische Pharmakologie, an der Psychiatrischen Universitätsklinik Göttingen, hat für die Revisionsver-
handlung dieses Gutachten erstellt, das das Gericht nicht aner-
kannte.*

Offener Brief an Konstantin Wecker

Lieber Konstantin,

Eigentlich hast Du mich und alles, was sich um Deine Person dreht, nicht mehr sonderlich interessiert. Deine schwammigen Aussagen, Deine peinlichen Medienauftritte in den letzten Jahren, Deine unaufrichtige Abrechnung mit Deinem Drogenkonsum in »Uferlos«, Dein aufgedunsener Körper, Dein gesichtsloses Gesicht ... Abgesang eines brillanten Analytikers gesellschaftlicher Mißstände – unfähig zur Eigenkritik, ferngesteuert ... dachte ich, bis vor kurzem ... Unfair, wie ich jetzt meine.

Auch ich hatte Dich in den früheren Jahren bewundert und oft mißverstanden, Dein kraftvolles Auftreten, die Überzeugungskraft, Deine »Botschaften« gaben mir eine »revolutionäre Identität« in adoleszenten Ablösungsprozessen. Dennoch oft die Texte zu wörtlich genommen (»Du mußt kämpfen bis zum Umfallen und wenn die ganze Welt den Arsch offen hat, aber grad deswegen«), habe ich gegen falsche Feinde gekämpft, Niederlagen und Enttäuschungen erlitten. Erst viel später begriff ich, daß nicht das »bürgerliche System«, nicht die politischen Protagonisten meine Gegner sind, sondern ich mir selbst der größte Feind war.

Zufall, daß wir uns nun begegnet sind (meine Frau hatte ein Interview mit Dir, ich sollte eigentlich auf die Kinder aufpassen). Aber für mich eine ganz tiefe Berührung mit dem »echten« Wecker. Kein Abkotzen mehr über den Rechtsapparat (der Dich hoffentlich nicht verurteilt), keine Suche nach Schuldigen, keine abgehobenen Rechtfertigungsversuche für Deine Abhängigkeit, keine theoretischen Abhandlungen über Suchttheorien, die dir in den letzten Monaten sicherlich irgendwelche selbsternannten Experten ins Ohr setzen wollten, kein arroganter, genervter, ich-zentrierter Wecker, der einen Alt-Fan schnell abfertigt.

Statt dessen eine Person, die mich schon vom Äußeren beeindruckt: Drahtige Körperform, klare Stimme, lustig-nachdenklich, ohne Zeitdruck, lieber Familienpapa und schließlich schonungsloses Abrechnen mit Dir selbst, vor meiner Frau und mir, zwei fremden Menschen. Keine Schönheitskorrekturen an Deiner Biographie ... so ist es, dazu stehe ich ... Hut ab, lieber Konstantin.

Du wirst neugierig, läßt Dich auf ein offenes Gespräch ein, interessierst Dich für meine Suchtgeschichte, wirst zum angenehmen und kritischen Zuhörer, legst plötzlich keinen Wert darauf, Mittelpunkt in diesem Gespräch zu sein. Wir entdecken Parallelen in unseren Suchtgeschichten und erzählen uns von Phänomenen aus der Abhängigkeit, die der andere nicht kennt. Überwiegend aber gleiche Ansichten: Sucht bindet viele Energien, die wir positiv bündeln und binden müssen. Die Leere mit Sinn füllen. Veränderung kommt von innen, nicht Medikamente, Ärzte, Suchttherapeuten oder Gesetze bewirken Heilung, sie können nur Hilfswerkzeuge auf dem Weg dorthin sein. Der unbändige Wille, der Glaube an sich selbst sind unsere therapeutischen Erfolgskriterien. Beide klar abstinenzorientiert. Du schränkst gleich ein, daß dennoch keiner durch das Hilfsnetz fallen darf, und plädierst für umfangreiche Hilfsangebote ... für die anderen. Abstinenz finden wir einen unpassenden Ausdruck für unsere frei gewählte Lebensform, weil er die Lust, die durch die Suchtfreiheit entsteht, nicht erfassen kann. Du berichtest von den gleichen Erfahrungen, daß der Ablöseprozeß von dem Drogenkonsum eine Gnade, ein Privileg, ein mystischer Prozeß ist. Ein Ausgangspunkt, um viele alte Verhaltensformen und -regeln, Ansichten, Orientierungen, Bedürfnisse zu überprüfen, zu modifizieren oder zu verwerfen. Wir entscheiden uns bewußt gegen Drogen, das ist, unserer Meinung nach, die vielbeschworene persönliche Freiheit … Du sagst, daß Dein Prozeß der »Selbstheilung« noch lange nicht abgeschlossen ist, vielleicht Dein Leben lang dauern wird (Suchtdynamik wird durch die Dynamik der Abstinenz ersetzt), aber deshalb unheimlich spannend ist. Im gleichen Atemzug sprichst Du über die Angst vor dem Scheitern, vor der Selbstaufgabe … Ein kurzer Blick zu Deinem Sohn Valentin, und dann kommt ein gewaltiges überzeugendes »Nein, aufgeben will ich nicht, das bin ich nicht nur mir schuldig …« Und dann erreichst Du Dein altes Naturell, wirst lauter: **Wir** müssen was tun, diejenigen, die die Sucht überwunden haben, müssen in Kontakt mit denen treten, die dafür anfällig sind, aber kein drohender Zeigefinger, keine Belehrungen, keine doofen Fußballersprüche wie »Keine Macht den Drogen«, sondern Austauschen über Lebenskrisen, Sinnsuche, Problemstrategien, Mut machen, Hoffnung geben …

…

Lieber Konstantin, wie schade, daß sich die Medien nicht wirklich echt für Dich interessieren, für Deinen Kampf ums Überleben, fürs bessere und intensivere Leben. Statt dessen kauen sie Dir immer wieder das Ohr mit den gleichen Fragen nach einem relativ unwesentlichen Teil Deiner Sucht ab. Natürlich in der Hoffnung, eine Sensation zu erhaschen (»Früher hat der Wecker alle verurteilt, jetzt wird er verurteilt«) oder Dich einfach nur aufs Glatteis zu führen. Aber die Sensation bist doch Du. Dein Weg ist das Ziel. Ich bin überzeugt, daß man mit Dir wieder rechnen kann. Du bist, um in der Gerichtssprache zu bleiben, sozusagen »voll zurechnungsfähig« (»voll« verträgt sich mit Abstinenz irgendwie schlecht). Leider glauben Dir das einige nicht, aber das ist oftmals das Problem von uns Süchtigen: Es ist das Ergebnis, daß wir während unserer exzessiven Phasen unsere Glaubwürdigkeit zu oft aufs Spiel gesetzt haben (Glaubwürdigkeit gegen Stoff). Zu oft haben wir von den anderen eingefordert, sie sollen uns vertrauen, und wir haben sie »über den Tisch gezogen«. Anstelle von Vertrauen entstand schließlich Mißtrauen. Mit dem Handikap müssen Süchtige auch nach erfolgreicher Therapie leben. Ob man jemandem glauben oder vertrauen kann, kann man nicht wissenschaftlich überprüfen oder nachweisen. Dazu gehört auch eine gehörige Portion Mut des Gegenübers. Auch auf die Gefahr hin, daß dieses Engagement erneut enttäuscht wird. Aber nur so verschafft man sich Zugang zum Herzen des Süchtigen und wird zum echten, hilfsbereiten und konstruktiven Partner. Vielleicht, und das wünsche ich Dir, haben Deine Richter den Spielraum, das auch mal so zu sehen.

Bis bald, herzliche Grüße
Michael

MICHAEL THIEM, *ehemals alkohol- und medikamentenabhängig, seit 14 Jahren abstinent, begegnete Konstantin Wecker im Juli 98. Tief beeindruckt von dem Treffen schrieb er ihm den Offenen Brief. Thiem leitet heute selbst eine Facheinrichtung für suchtkranke Menschen in Mittelfranken.*

Leo und Waltraud Prothmann:
Verstehen ist besser als strafen

Suchtkranke befinden sich meist in einer unerträglichen see-
lischen Not. Sie weichen über Drogen in eine passive Schein-
welt aus. Doch unsere Gesellschaft begegnet den Symptomen
seelischer Not in erster Linie mit dem Strafprinzip. Als Me-
thode hat das aber keine Veränderung, Hilfestellung oder
Heilung zum Ziel.

Jede Abhängigkeit hat ihre Vorgeschichte. Suchtkranke befinden sich in einer unerträglichen seelischen Not: Meist geht es
um einen Konflikt zwischen der Sehnsucht nach ihrem wahren inneren Selbst und der Notwendigkeit einer Anpassung
an Normen und Forderungen der »Gesellschaft«. Oft meinen
sie, den Erwartungen des sozialen Umfeldes nicht (mehr) ent-
sprechen zu können. Anstatt die ursprünglichen – meist
überfordernden – Werte in Frage zu stellen, sie anzuzweifeln
und mit entsprechender Unterstützung aufzulösen, um dadurch eine aktive Bewußtseinserweiterung zu erzielen, weichen sie über Drogen in die passive Schein-Bewußtseinser-
weiterung aus.

Das gibt für eine kurze, trügerische Zeit das ersehnte Gefühl
umfassender Verbundenheit und erzeugt die Illusion, mit De-
fiziten, Ängsten, Aggressionen, Depressionen oder Schuldge-
fühlen fertig zu werden, ohne sich mit der dahinterliegenden
Problematik befassen zu müssen.

Sucht ist Flucht. Mit der Droge, wie immer sie heißt, kann
man seine Frustrationen eine Weile vergessen, übertünchen,
Hemmungen und Blockaden entkräften. Das Eintauchen in
eine Schein-Welt, das dem Süchtigen die persönliche Ausein-
andersetzung mit den Konventionen und der Moral ersparen

soll, wird ihn früher oder später schädigen oder gar töten. Denn es spaltet ihn von den wirklichen Lebensbedürfnissen und -prinzipien ab. Seine größte Barriere, diesen Teufelskreis zu durchbrechen, liegt in der Verleugnung der Realität. Seine größte Chance, die Krise zu bewältigen, läge in der Einsicht: Ich bin krank und ausgegrenzt. Ich brauche Hilfe.

In der Sucht-Therapie ist diese Krankheitseinsicht die eigentliche und unerläßliche Voraussetzung für eine mögliche Heilung. Wie sehen die Voraussetzungen, zu einer solchen Einsicht zu finden, in Wahrheit aber aus? Ein wichtiger Teil jeder therapeutischen Arbeit besteht darin, den Menschen Mut zu machen, so sein zu wollen, wie sie sind.

Nicht nur nicht schlechter, sondern auch nicht besser, als es ihnen möglich ist. Denn oft ist es die zu hoch gelegte Latte, die verhindert, daß wir uns »glücken«.

Wie soll das in einem System gelingen, das den Symptomen seelischer Not mit dem Strafprinzip begegnet?

Bestrafung hat immer die Tendenz, negative Anteile ausrotten oder unterdrücken zu wollen. Als Methode hat sie keine Veränderung, Hilfestellung oder gar Heilung zum Ziel, sondern nur die moralische, illusionistische Anpassung des zur Schau getragenen Verhaltens. Sie ist nicht geeignet, ein ethisches Bewußtsein zu formen und zu Selbstverantwortung zu führen. Sie zielt einzig und allein auf die soziale Angst vor Beschämung und vor dem Verlust der bürgerlichen Rechte ab. Auf diese Weise verschuldet sich das System selbst am Kranken. Es nimmt ihm das Vertrauen in die Autoritäten, den Glauben an ein Bemühen um Gerechtigkeit.

Das Negative in uns weniger negieren
Ethisch einwandfrei – im Sinne der humanistischen Psychologie – ist nur der Mensch, der sich seine eigene negative

Seite bewußt gemacht hat. Die staatlich legitimierten »Verfolger« mögen im Sinn der moralischen Ordnung zwar integer sein, aber in unbewußten Rache-Reaktionen liegt oft mehr destruktiver Sprengstoff als in den Vergehen, die sie verurteilen.

In der Selbsterkenntnis des tiefenpsychologischen Weges, auf dem die Verbindung mit dem eigenen »Schatten« ein wichtiges Stadium darstellt, werden wir illusionsärmer, aber auch verständnis- und einsichtsvoller. Wenn wir das Negative in uns weniger negieren, so erfährt die eigene Persönlichkeit nicht nur einen neuen Zugang zur eigenen Tiefe, sondern damit auch zur dunkleren Seite der Menschen überhaupt.

Die Verantwortung, Recht zu sprechen und zu richten, dürfte nur solchen Persönlichkeiten anvertraut werden, die sich mit ihren eigenen Schwächen und Problemen auseinandergesetzt haben. Der Fall Konstantin Wecker ist jedoch ein plakatives Beispiel für die alte »Sündenbockpsychologie« mit der ihr eigenen Selbstrechtfertigung: Weil anderen, viel weniger Privilegierten nach den Buchstaben des Gesetzes auch kein Verständnis und keine Gnade gebühren sollen, wird der moralisch getarnte Ausrottungskampf gegen das sogenannte Böse in der Projektion auf einen Publikumsliebling als gerecht und pädagogisch wirksam erachtet.

Chance vertan, kollektive Mitverantwortung zu tragen

Die psychologische Dynamik spricht eine andere Sprache: Sie deckt die Primitivseite einer zweifelhaften Straf- und Reinigungsmaschinerie auf, die wirkliche Hilfe und Bewußtmachung verhindert und Unbeteiligte mitbestraft: eine junge Mutter, ein Kleinkind.

Konstantin Wecker wollte im Rahmen einer Bewährungsstrafe Benefizkonzerte zu Gunsten Drogenabhängiger geben und überdies Vorträge veranstalten. Welch eine unbewußte, rigorose Haltung muß hinter der Ablehnung einer so aktiven und positiven Aufarbeitung stehen.

Hier wurde ganz offensichtlich eine große Chance vertan, kollektive Mitverantwortung zu tragen. Vielen Betroffenen wurde das kostbare Geschenk des Verstanden- und Ernstgenommenwerdens verwehrt. Die motivierende Aufwertung durch einen Künstler, der bereit ist, etwas sehr Intimes brüderlich zu teilen. So etwas hat eine außergewöhnliche Erlebnisqualität und könnte nachhaltiger stabilisieren und mehr Mut machen als so manche Therapie.

Die Konsequenz, keine Gnade vor Recht ergehen zu lassen, scheint offiziellen Werte-Vermittlern jedoch wichtiger zu sein als die Abkürzung eines Leidensweges und die schöpferische und produktive Bewältigung begangener Irrtümer.

DR. PHIL. LEO PROTHMANN, *Lehranalytiker und Psychotherapeut mit eigener Praxis, Vorsitzender des Salzburger C. G. Jung-Instituts, arbeitete viele Jahre im Rahmen des Sozialmedizinischen Dienstes mit Alkohol- u.a. Drogenabhängigen. Waltraud Prothmann ist Mitarbeiterin in der psychotherapeutischen Praxis. – Der Artikel war am 27. 7. 98 in den Salzburger Nachrichten abgedruckt.*

Jenseits von Gut und Böse

Daß Strafverfolger, die sich mit Rauschgiftdelikten befassen, zur Härte neigen, ist angesichts der Auswirkungen insbesondere der harten Drogen verständlich. Es ist sogar zu begrüßen, solange sich diese Härte gegen gewissenlose Dealer richtet. Die Art und Weise jedoch, wie Staatsanwalt Manfred Fuchs in der Berufungsverhandlung gegen Konstantin Wecker vorging, kann nur befremden. Zugegeben: Die vom Angeklagten erfüllten Straftatbestände des unerlaubten Besitzes von Betäubungsmitteln in nicht geringer Menge sind nach dem Gesetz Verbrechen, wie der Anklagevertreter immer wieder betonte. Zugegeben auch, daß der Anklagevertreter nur die harte Linie seiner Abteilung vertrat. Aber wie er das tat – das führte die Selbsteinschätzung der Staatsanwaltschaft als „objektivste Behörde der Welt" ad absurdum.

Um das erstrebte Ziel – eine Verurteilung zu drei Jahren – zu erreichen, diffamierte er rundum alle Zeugen, die zu seinem Mißvergnügen für Wecker günstig ausgesagt hatten und sich dabei – vielleicht mit einer Ausnahme – auch um Wahrheit bemüht hatten, als unglaubwürdig. Und die von der Verteidigung geladenen Gutachter, die dem Sänger für einen Teil des Tatzeitraums eine psychosebedingte Schuldunfähigkeit attestiert hatten, qualifizierte er mit der Behauptung ab, sie hätten sich Blößen gegeben und könnten nicht als unvoreingenommen gelten. Das war mindestens gegenüber dem über jeden solchen Zweifel erhabenen Professor Hans Lauter eine Unverschämtheit.

Das Gericht folgte ihm im Strafmaß zwar nicht ganz, aber weitgehend – mit der Bestätigung des auf zweieinhalb Jahre lautenden Ersturteils. Es würdigte auch die Zeugenaussagen wesentlich differenzierter; ob auch richtig, mag dahinstehen. Und es ließ den Sachverständigen Gerechtigkeit widerfahren, wenn es auch ihre Gutachten im Ergebnis genauso bewertete wie der Staatsanwalt. Die Kammer konnte entweder nicht oder wollte nicht einsehen, was für jeden unbefangenen Prozeßbetrachter auch ohne die Bestätigung durch die von der Verteidigung bestellten Psychiater klar war: daß Wecker nämlich wegen seines exzessiven Drogengenusses damals jenseits von Gut und Böse und somit tatsächlich schuldunfähig war, was sich durch eine Vielzahl von Einzelheiten belegen läßt. Aber Juristen sehen die Wirklichkeit oft anders, als sie ist. Und so wird das Urteil, ob richtig oder falsch, wohl auch der Revision standhalten, wenn es rechtsfehlerfrei abgefaßt ist.

Erwin Tochtermann

Süddeutsche Zeitung, *10. 7. 98*

Claudius Seidl:
Die Joint-Inventur

Warum sich unsere Kultur an die illegalen Drogen gewöhnen muß

Wenn wirklich im Wein die Wahrheit wäre: Dann müßten unsere Politiker, Geselligkeitstrinker allesamt, spätestens nach dem zweiten Schoppen zu der Einsicht kommen, daß der Konsum von Alkohol ganz dringend verboten werden müßte. Nicht erst seit vorgestern nämlich ist es wissenschaftlich erwiesen, daß der Alkohol zu den stärksten aller Drogen gehört: weit gefährlicher als Cannabis oder Nikotin und mindestens so schädlich für den Körper und die Seele wie Heroin und Kokain, die ja allerstrengstens verboten sind.

Wenn auch der Alkohol verboten wäre, dann müßte der Süchtige sich seinen Schnaps beim Dealer besorgen, der sich dieses Risiko gut bezahlen ließe; der Trinker müßte schauen, wo er sich das Geld für seine Sucht besorgt, und für die Mehrheit der Nüchternen wäre er das allerletzte asoziale Element.

Man braucht nicht viel Phantasie dafür, sich solche Verhältnisse vorzustellen: In den USA herrschte von 1919 bis 1930 die Prohibition; von den Folgen hat sich das Land bis heute nicht erholt. Die Amerikaner tranken nicht viel weniger – aber weil der Whiskey nun illegal war, entstanden und erstarkten damals jene Gangstersyndikate, die sich heute, da man den Schnaps wieder im liquor store bekommen kann, auf den Handel mit Kokain und Heroin spezialisiert haben und damit noch bessere Geschäfte machen.

Wenn aber der Alkohol so eine furchtbare Droge ist: Warum ist dann die Gesellschaft noch nicht daran zerbrochen? Wie zum Teufel konnte es passieren, daß man in Europa und rund ums Mittelmeer seit mindestens dreitausend Jahren den Wein anbaut und keltert – und daß dann trotzdem etwas aus uns geworden ist?

Wer Drogen nimmt, so hat es Alexander Kupfer in seinem großen, klugen Buch über »Die künstlichen Paradiese« formuliert, wer Drogen nimmt, begeht »Republikflucht aus der Wirklichkeit«; der dementiert und leugnet alles, was die herrschende Gesellschaft für real und relevant erklärt – und in den frühesten Werken unserer Literatur, in den Epen Homers, in den griechischen Sagen und auch in der Bibel findet sich noch eine Ahnung davon oder eine Erinnerung daran, daß der Alkoholrausch mit dem Realitätsprinzip im Grunde nicht zu vereinbaren ist.

Nur aufs Wohl der Götter durften die Menschen trinken. Nur im festen, streng abgegrenzten Rahmen von Opferritualen, mystischen Kulten und religiösen Erleuchtungszeremonien duldete die Gesellschaft jenen Einbruch von Wahnsinn und Chaos, den die Droge Alkohol bewirkt. Und selbst der Satz des Alkaios, daß im Wein die Wahrheit sei, will nicht darauf hinaus, daß man im angetrunkenen Zustand besser beurteilen könne, ob zwei und zwei wirklich vier ergebe. Es geht auch hier eher um eine transzendentale Wahrheit jenseits der nüchternen Vernunft.

So hat das Abendland gelernt, den Alkohol zu verkraften: Es hat den Wahnsinn eingemeindet, das Chaos vermessen, dem Irrationalen eine Form gegeben: Bloß weil es jedem Erwachsenen in Europa und den europäisierten Landstrichen im Rest der Welt erlaubt ist, soviel zu trinken, wie er will, heißt das noch lange nicht, daß die Gesellschaft bereit wäre, ihren Mitgliedern den immerwährenden Vollsuff zu gestatten. Gerade weil unsere Kultur den Alkohol kennt und erlaubt, hat sie auch die Möglichkeit, ihn einzudämmen, wo er ihre Fundamente unterspült: Wo Prohibition herrscht, gibt es keine Promillegrenzen.

Es herrscht aber Prohibition für Cannabis, Kokain und Heroin fast überall in jenen westlichen Ländern, die sich neulich auf der New Yorker Drogenkonferenz wieder einig darin waren, daß das auch so bleiben soll – obwohl alle kriminalistische und therapeutische Logik dagegen spricht. Es ist banal, es ist bekannt, und man kann es trotzdem nicht oft genug sagen, daß einerseits die diversen Mafia-Organisationen den strikten Verboten erst ihre Existenz, ihre Macht und ihre Profite verdanken; und daß, andererseits, die Sucht nach Heroin für Kopf und Körper sehr schädlich, aber nicht unbedingt tödlich ist, wie schon das Beispiel jener Popstars beweist, die sich ihre Dosis immer leisten konnten; es ist das Verbot, es sind die hohen Preise, es ist die Beschaffungskriminalität, was die Süchtigen erst richtig fertig macht.

Vielleicht muß man, um die Dinge vernünftiger beurteilen zu können, auch die harten Drogen als ein kulturelles Phänomen betrachten – das nur mit kulturellen Mitteln zu bewältigen ist: Längst hat die globalisierte Ökonomie auch eine globalisierte Kultur hervorgebracht, deren Produkte sich auf dem Weltmarkt durchsetzen wollen, und dazu kann man auch die harten Drogen zählen, Kokain und Heroin, die durch alle nationalen Grenzen dringen.

Womöglich verhält sich die westliche Gesellschaft gegenüber diesen Drogen so, wie sich islamisch-fundamentalistische Staaten zu MTV und Popmusik verhalten: Man hat gute Gründe dafür, daß man diese Dinge nicht hereinlassen will; sie gefährden den kulturellen Status quo. Und man ahnt doch, daß man sie nicht aufhalten kann, weshalb man sie irgendwann integrieren muß.

Das Haschisch, eine ziemlich starke Droge, ist in weiten

Kreisen Europas und Nordamerikas längst integriert: Man grüßt die Nachbarn, geht regelmäßig zum Friseur, erzieht seine Kinder ordentlich – und abends dreht man sich einen dreiblättrigen Joint und stellt den Verstärker ein bißchen lauter, um den Karrierestreß aus dem Kopf zu treiben.

Mit etwas Kokain in der Blutbahn fühlt sich einer zwar jedem Streß gewachsen; doch die Seele vereist, die menschlichen Beziehungen erkalten, weshalb man von der Droge nur abraten kann. Und das Heroin bewirkt so starke Glücksgefühle, daß man darüber ganz vergißt, irgendwo jenseits des Rausches nach einem stabileren Glück zu suchen.

Es kann also gar nicht darum gehen, die heftigen Wirkungen dieser Drogen zu leugnen oder zu verharmlosen – aber wenn man vernünftig über die Gefahren sprechen will, dann muß man wissen, wovon man spricht. Genau das aber können jene gar nicht leisten, für die ein Gespräch über Drogen nur im kriminalistischen Kontext möglich ist.

Die Polizisten und Staatsanwälte, die Kriminalisten und Fahndungsexperten sind, solange die Drogen verboten bleiben, zur Ignoranz verpflichtet. Sie dürfen gar nichts wissen von den verführerischen Reizen jener Rauschgifte, deren Gefahren sie ständig beschwören müssen. Sie produzieren Indifferenz, wo doch nichts so nötig wie Erkenntnis ist: Sie sprechen über den Rausch wie der Kaplan vom Sex – und deshalb glauben ihnen gerade jene kein Wort, die am stärksten von der Sucht gefährdet sind. Die westliche Gesellschaft muß endlich damit beginnen, die Gefahren von Cannabis und Ecstasy, von Heroin und Kokain auf dem gleichen Niveau zu verhandeln, auf dem sie über Alkohol und Nikotin diskutiert: In den USA ist das Rauchen, aus gutem Grund vermutlich, sozial verpönt – wenn es verboten würde, wäre dieser Erfolg wieder verspielt.

Es reicht also nicht aus, die Drogen zu entkriminalisieren; man muß sie eingemeinden in die kollektive Erfahrung. Mag sein, daß das unsere Kultur verändern wird. Bei einem kurzen Besuch in St. Georg oder auf der Münchner Freiheit kann man allerdings studieren, wie nachhaltig die Verbote und die Ignoranz unsere Gesellschaft schon verändert haben.

Süddeutsche Zeitung, *20./21. 6. 98*

Rausch. Die im R. erfahrene Ausschaltung des bewußten Lebens hat in der Religionsgeschichte unterschiedliche Wertungen gefunden. Eine religiös positive Einschätzung sieht im R.zustand die Möglichkeit der Teilhabe an einem mächtigeren, numinosen Leben. Sie heiligt daher die berauschenden Mittel, bes. den alkoholischen R.trank, der dann in → Mythos und → Kultus eine bedeutsame Rolle spielt. Nach indischer Anschauung (→ Indien: II) stärkte der Trank des Soma die Heldenkraft des Gottes Indra (zB Rigveda 9, 8, 1). Die griech. Götter leiteten ihre Unsterblichkeit vom Genuß des Nektar her. Die kultische Verwendung des hl. R.-tranks erfüllt den Trinkenden mit göttlicher Kraft und führt ihn in die Gemeinschaft der Götter: »Wir haben jetzt Soma getrunken; wir sind Unsterbliche geworden; wir sind zum Lichte gelangt; wir haben die Götter gefunden« (Rigveda 8, 48, 3). Die Religion der → Indogermanen kannte einen ursprünglich aus Honig gewonnenen Met (altindisch madhu, altiranisch madu, griech. methy, ahd. methu, litauisch madù). In den → Veden und im → Avesta heißt der sakramentale R.-trank Soma (iranisch Haoma). Der R.trank der alten Mexikaner wurde Pulque genannt; unerlaubtes Pulque-Trinken zog die Todesstrafe nach sich. Neben der Einigung mit dem Göttlichen und der Erlangung der Unsterblichkeit befähigt der R. auch zur Erleuchtung. Der Schamane (→ Schamanismus) tritt im R. mit → Geistern in Verbindung, die ihm Auskünfte erteilen. Die Sprache des → Sufismus verwendet die Trunkenheit als Bild für die Erfahrung des Unaussprechlichen. - Religiös negative Wertungen des R.s führen zur Bekämpfung und zum Verbot von R.mitteln. → Zarathustra fragte seinen Gott Ahura Mazda (→ Ormazd) im Hinblick auf den Haoma: »Wann wirst du den Unflat (müthrem) dieses R.tranks treffen?« (Yasna 48, 10). Der → Buddhismus (: I) sieht den R. unter dem Aspekt einer Verhinderung der zur Meditation notwendigen geistigen Konzentration. Das fünfte buddhistische Hauptgebot verbietet daher den Genuß von R.getränken für Mönche und Laien. Statt dessen hat der Buddhismus die Verbreitung des Tees als eines anregenden, aber nicht berauschenden Getränks gefördert. - Als eigentümliches mythisches Motiv erscheint der R. im ägyptischen »Buch von der Himmelskuh«. Eine Empörung der Menschen gegen die göttliche Ordnung veranlaßte den Sonnengott Re, die Löwengöttin Sachmet mit deren Vernichtung zu beauftragen. Als Re seinen Entschluß bereut, gelingt es ihm durch eine List, die Sachmet an ihrem Vorhaben zu hindern. Re läßt das Land, wo sie die Menschen töten wollte, mit blutrot gefärbtem Gerstenbier überfluten. Die Göttin trank es, wurde berauscht und erkannte die Menschen nicht mehr. - Vgl. → Dionysos, → Ekstase, → Mysterien, → Wein.

aus: Die Religion in Geschichte und Gegenwart. Handwörterbuch für Theologie und Religionswissenschaft. J. C. B. Mohr (Paul Siebeck), Tübingen 1961.

105

Hans Schuh:
Alkohol – Opium fürs Volk

Wie französische Wissenschaftler die Gefährlichkeit der gängigsten Suchtmittel bewerten

Kaum ein Konsumbereich ist derart mit Emotionen und Tabus befrachtet wie der Umgang mit legalen und illegalen Suchtmitteln. Jetzt hat ein stocknüchterner wissenschaftlicher Report aus Frankreich versucht, eine Rangliste der Gefahren aufzustellen, die von den gebräuchlichsten Drogen ausgehen. Eine seiner zentralen Aussagen: Drogen lassen sich in drei Risikogruppen einteilen. Zu den gefährlichsten Mitteln zählen die Opiate, Alkohol und Kokain. In die mittlere Kategorie fallen Ecstasy, Aufputschmittel, Beruhigungsmittel und Tabak. Relativ geringe Risiken gehen mit Cannabisprodukten wie Haschisch und Marihuana einher (siehe Tabelle).

»Wir haben versucht, weltweit zum erstenmal eine Richter-Skala der Risiken zu erstellen«, erklärt Bernard Kouchner, Staatssekretär für Gesundheit im französischen Ministerium für Arbeit und Solidarität. Kouchner hatte im vergangenen Jahr den Pariser Pharmazieprofessor Bernard Roques beauftragt, ein Team zu bilden, die internationale Literatur zu sichten und die Gefährlichkeit von Suchtmitteln zu vergleichen. Roques berief eine zehnköpfige Expertenkommission nebst sieben externen Beratern und lieferte im Mai einen 190 Seiten starken Bericht ab, der sich liest wie ein Lehrbuch der molekularen Pharmazie und Toxikologie. Der Öffentlichkeit präsentiert wurde der Report am 17. Juni von *Le Monde* – pünktlich zum Start einer Debatte im Senat über Risiken der Drogensucht. Kurz zuvor hatten Staatspräsident Jacques Chirac und Regierungschef Lionel Jospin betont, sie dächten nicht daran, den Konsum weicher Drogen künftig straffrei zu stellen. Es galt also, politisch harte Bretter zu bohren.

Straffreiheit für den Konsum von Cannabisprodukten wäre jedoch eine logische Konsequenz aus dem Roques-Report. Denn es ist unverständlich, warum Konsum und Besitz von kleinen Mengen dieser Mittel in Frankreich mit Gefängnis bestraft werden, obwohl sie nach wissenschaftlicher Einschätzung als »relativ ungefährlich« gelten, während »hochriskante« Alkoholika wie Kognak, Beaujolais oder Vin de pays frei im Supermarkt erhältlich sind.

Wie sehr das Thema politisiert ist, zeigt folgende Merkwürdigkeit: Bernard Roques ist Abteilungsdirektor des Nationalen Instituts für Gesundheit und medizinische Forschung (Inserm). Die Presseabteilung des Inserm darf seinen Bericht jedoch nicht weitergeben. Dafür sei ausschließlich das auftraggebende Ministerium zuständig. Dieses wiederum rückte das Werk nur widerborstig heraus.

Staatssekretär Bernard Kouchner rudert derweil in schwierigem Wasser. In einem Interview mit dem *Nouvel Observateur* behauptet er, eine Änderung jenes Gesetzes, das jährlich 900 französischen Cannabisfreunden Gefängnisstrafen einbrockt, sei nicht sein Ziel. »Das Gesetz von 1970 zu ändern, einfach damit die Leute Cannabis rauchen können, ehrlich, das macht keinen Sinn und interessiert mich nicht.« Sein Ziel sei es, die Jugend zu warnen. »Um Risiken zu reduzieren, muß man zuerst informieren. Und zum Informieren muß man die Debatten dort provozieren, wo Tabus existieren.« Statt Ideologie sei Wahrheit gefragt, der Konsum von Cannabis solle nicht straffrei gestellt, sondern reglementiert werden wie beim Alkohol. Bravo.

Sollen Sportler lieber trinken oder einen Joint rauchen?

Doch wer den Anspruch erhebt, ideologiefreie Wahrheit zu verbreiten, der sollte deren Veröffentlichung jenen Wissenschaftlern überlassen, die im Team nach ihr gesucht und darüber berichtet haben. Zumal der Auftraggeber Bernard Kouchner bereits lange zuvor klar Partei für die Legalisierung weicher Drogen ergriffen hatte. So steht etwa in seinem Buch »Die medizinische Diktatur« zu lesen: »Es ist Dummheit, Sportlern das Rauchen eines Joints zu untersagen, wenn sie nach dem Spiel gemeinsam einen trinken gehen.« Kouchner hat auch eine Initiative unterstützt, die eine Legalisierung des Cannabisgebrauchs forderte.

Der Vergleich des Roques-Reports mit einer Richter-Skala schießt über das Ziel hinaus. Die Wissenschaftler selbst warnen davor, den Bericht als festgefügtes Urteil zu betrachten. So könne sich beispielsweise der Verdacht künftig erhärten, daß Ecstasy schwere Nervenschäden verursacht. Dann wäre diese Modedroge in der ersten Kategorie der gefährlichsten Substanzen einzureihen.

Leider ist die Risikoskala für einzelne Substanzklassen nicht immer klar begründet, und der Zusammenhang mit vorhergehenden Kapiteln, in denen Alkohol, Kokain, Ecstasy, Opiate, Cannabis oder Tabak diskutiert werden, bleibt vage. Manche Einordnungen wirken daher ex cathedra. Dieser Eindruck wird verstärkt durch eine einseitige Tendenz des Roques-Berichts: Er basiert überwiegend auf medizinisch-molekularbiologischen Erkenntnissen.

Etliche davon sind spannend, etwa daß alle betrachteten Substanzklassen, auch die Cannabisprodukte, den Dopaminstoffwechsel im Hirn beeinflussen. Der Botenstoff Dopamin sorgt auch für Lustgefühle, die für die Erfüllung vitaler Bedürfnisse wie Nahrungsaufnahme oder Sexualität wichtig sind. Daher ist auch die Warnung des Berichts nachvollziehbar, daß keine der aufgeführten Substanzen harmlos sei, selbst die Cannabisprodukte nicht. Die Wirkungsweise erklärt auch zwanglos, warum viele Drogenabhängige mehrere Substanzen gebrauchen, etwa Heroin, Alkohol und Nikotin. Umgekehrt erlaubt jedoch das quantitative Ausmaß der Dopaminbeeinflussung keinen Rückschluß darauf, wie gefährlich einzelne Substanzen sind. Vor allem für die Rückfälligkeit Süchtiger »bleibt der biochemische Mechanismus unbekannt«, heißt es in dem Bericht.

Da der Drogenkonsum stark durch historische, soziale, psychische und kulturelle Einflüsse geprägt ist, sollten geisteswissenschaftliche Aspekte in einer Risikobewertung nicht fehlen. Ein Beispiel mag dies verdeutlichen: Die Gesundheitsgefahren für Heroinabhängige sind zu einem großen Teil eine Folge des Spritzens von Opiaten. Hierauf gehen Hunderttausende Hepatitis- und Aids-Infektionen zurück sowie Tausende tödlicher Überdosierungen. Der jüngst erschienene UNAids-Bericht über die globale HIV-Epidemie warnt, eine repressive Drogenpolitik führte dazu, daß Opiatabhängige wegen des knappen und teuren Drogenangebots vom traditionellen Rauchen auf das viel riskantere Spritzen übergehen. Denn per Injektion läßt sich der gewünschte Kick mit geringeren Mengen erreichen als beim Rauchen. Eine Studie in Kalkutta hat gezeigt, daß die Beschlagnahmung großer Heroinmengen den Spritzengebrauch bei Drogenabhängigen stark ansteigen ließ.

Repressionen beeinflussen somit die Gefährlichkeit des Drogenkonsums ganz erheblich. Spritzenautomaten, Fixerstuben, Methadonsubstitution oder Heroin auf Rezept für Schwerstabhängige nach Schweizer Vorbild spiegeln das Bemühen, die tödlichen Folgen dieser Repression abzuwenden.

Die verschiedenen Risikofaktoren wichtiger Suchtmittel

	Heroin (Opiate)	Alkohol	Kokain
Physische Abhängigkeit	sehr stark	sehr stark	schwach
Psychische Abhängigkeit	sehr stark	sehr stark	stark, aber wechselnd
Nervengiftigkeit	schwach	stark	stark
Allgemeine Giftigkeit	stark*	stark	sehr stark
Soziale Gefährlichkeit	sehr stark	stark	sehr stark
Behandlungsmöglich-keit (Substitution und anderes)	ja	ja	ja

* Methadon und Morphium als Therapeutika sind ungiftig

Eine ausführliche, nachvollziehbare Diskussion solch wichtiger Aspekte und eine Erklärung, wie derartige Faktoren beim Abschätzen der Gefährlichkeit einzelner Substanzklassen gewichtet wurden, fehlen jedoch in dem Roques-Report. Auch der scheinbare Widerspruch, daß Opiate als Schmerzmittel keine gefährlichen Nebenwirkungen aufweisen und nicht süchtig machen, andererseits beim illegalen Gebrauch schwere Schäden hervorrufen, wird kaum diskutiert.

Doch trotz mancher Schwachpunkte sind die Ergebnisse des Roques-Reports in ihrer Tendenz richtig, die Tabelle in ihren Grundaussagen also ernst zu nehmen. Daß Alkohol ge-

Ecstasy	Psychostimu-lantien	Benzodia-zepine (Beruhigungs-mittel)	Tabak	Cannabi-noide (Haschisch, Marihuana)
sehr schwach	schwach	mittel	stark	schwach
?	mittel	stark	sehr stark	schwach
sehr stark (?)	stark	0	0	0
eventuell sehr stark	stark	sehr schwach	sehr stark (Krebs)	sehr schwach
schwach (?)	schwach (Ausnahmen möglich)	schwach**	0	schwach
nein	nein	nicht erforscht	ja	nicht erforscht

** *außer Autofahren und bestimmte psychische Konstellationen*

fährlicher ist als Cannabis, basiert auf umfangreicher wissenschaftlicher Literatur. Eine transparentere Argumentation hätte den Bericht jedoch überzeugender gemacht.

Unterstützenswert ist seine Forderung, ein europäisches Forschungsinstitut nach dem Vorbild des amerikanischen *National Institute on Drug Abuse* zu gründen. Allerdings sollte dieses Institut auf die patriarchalischen Attitüden französischer Drogenpolitik verzichten. Denn wer Jugendliche aufklären will, der sollte dies verständlich tun.

Die Zeit, Nr. 28, 2. 7. 1998

Cathrin Kahlweit:
Vom Stein zermalmt

Crack in Frankfurt
Keine andere Droge zerstört schneller,
keine andere Stadt in Deutschland
führt einen härteren Kampf gegen sie

Frankfurt, im August – Tom sucht einen Schatz. Das Gesicht vom Schirm der Baseballkappe beschattet, die Jogging-Jacke um den ausgemergelten Oberkörper gewickelt, hebt er seine Augen schon seit Minuten nicht vom Boden. Im Kriechgang schleppt er sich am Randstein entlang und pickt mit dreckgeschwärzten Fingerkuppen und langen Fingernägeln Krümel von der Straße auf. Er wendet das Blatt einer Kastanie, tastet nach einem groben Staubkörnchen. Vielleicht bleibt ja doch der Splitter eines kleinen Steines an der Fingerspitze hängen?

Crack, die irre Droge für den superkurzen Kick, wird in der Szene »Stein« genannt. Die Brocken, eine Mischung aus Kokain und Backpulver, sind so groß wie ein kleiner Schotterstein, so hell und nichtssagend wie ein Krümchen Brot und kosten um die 30 Mark. Kaum einer, der da wie Tom im Frankfurter Bahnhofsviertel den Fußboden nach den Resten vom kurzen Glück anderer Menschen absucht, sagt: »Ich rauche Crack.« Hier raucht man »Steine« oder »Rocks«, wie amerikanische Drogenabhängige mit ihrer Vorliebe für die scheinbar billige Modedroge sagen.

Die Nase bleibt gesund
»Steine« – das klingt harmlos, klingt nicht nach Abhängigkeit. Die wenigen Lungenzüge aus der kleinen Metallpfeife

für den ultimativen Hirnschocker wirken sauber – keine Einstichlöcher wie bei Heroin, keine kaputte Nase wie bei Kokain. Crack ist hart, schnell, modern. Und so zerstörerisch wie keine andere Modedroge der vergangenen Jahrzehnte.

Frankfurt am Main ist Crack-City.

Nirgendwo anders in Deutschland werden so viele Steine beschlagnahmt wie in der Rhein-Main-Metropole, nirgendwo sonst ist die Szene der Crack-Abhängigen so groß wie hier. Und nirgendwo sonst in Deutschland hat sich eine Stadt die Mühe gemacht, Sozialarbeiter auf die Straße zu schicken, die sich nur um diese ungewohnte, gewalttätige, verlorene Klientel kümmern. Ein Team von Mitarbeitern der Drogenhilfe, von Streetworkern des Jugendamtes sowie Ärzten des Malteser Hilfsdienstes streift an drei Tagen in der Woche durch das Karree von wenigen hundert Metern, an dem sich die Szene tummelt: 200 Crack-Süchtige, so schätzt die Polizei, leben unterhalb der Frankfurter Bankentürme, und es werden immer mehr. Noch, so wird geschätzt, leben 1000 Abhängige in intakten Verhältnissen. Wie viele Süchtige es in ganz Deutschland sind, weiß man nicht genau, es gibt keine Zahlen. Natürlich wird auch in anderen Städten Crack verkauft, natürlich sterben auch in anderen Städten Süchtige an Atemkrämpfen, an Herzinfarkten. Doch nur die Großstadt am Main, die mit ihrer liberalen Drogenpolitik und dem Motto »Hilfe statt Strafe« seit Jahren große Erfolge vorzeigen kann, weist Crack in der Drogenstatistik gesondert aus.

»Bisher galten die Crack-Süchtigen als nicht ansprechbare Zombies«, sagt Regina Ernst, kommissarische Leiterin des Drogenreferats. »Wir wollten und konnten das nicht hinnehmen.« Also gibt es seit einem Jahr das »Crack Street Projekt«, und nach den ersten Erfahrungen sind die sonst eher reservierten Streetworker enthusiastisch: Mehr als ein Drittel aller

Abhängigen nahm kleine und große Angebote an. Zwar haben Pelle vom Jugendamt, Thomas von der Drogenhilfe und der Mediziner Joachim nur ganze 50 Mark am Tag zur Verfügung, um ihrer Klientel mit scheinbaren Kleinigkeiten weiterzuhelfen. Das reicht für den Kauf eines Schwangerschaftstests, wenn wieder eines der Mädchen ihr Geld lieber für einen Stein als für Kondome ausgegeben hat. Es langt für einen Kaffee oder neue Schnürsenkel. Die Angebote, die dahinter stehen, reichen viel weiter: Schlafplätze, Methadonprogramme, Langzeittherapien, eine Rückfahrkarte nach Hause.

»Anfangs haben die uns für Polizisten gehalten und sind weggerannt«, berichtet Joachim. »Aber wir hatten ein paar ›Türöffner‹, Typen aus der Szene, die wußten, daß wir okay sind.« Derzeit gibt es regelmäßig Kontakte mit rund der Hälfte der verwahrlosten, umherziehenden Einzelgänger. »Gerade Süchtige schauen aufs Geld. Wenn jemand in sie investiert, dann sehen sie: Wir sind was wert«, sagt Thomas. »Sie wissen: Die lassen uns nicht fallen.« Das ist die Hoffnung: Wer sich einmal ansprechen läßt wegen einer Wunde am Kopf, wer einmal ein Pflaster annimmt und beim zweitenmal ein Paar neue Schuhe – vielleicht kommt der eines Tages wieder für eine Übernachtung oder gar eine Entgiftung.

Tom hat keinen Erfolg. Die Baseballmütze ins ausdruckslose Gesicht gezogen, rutscht er einen Quadratmeter weiter. Tom gehört zur untersten Kaste der Crack-Süchtigen, zu jenen Unberührbaren, die nicht mehr die Kraft aufbringen für einen Job, für ein schnelles Geschäft. Sein Zuhause ist die Gegend vor dem städtischen Drogenkonsumraum in der Niddastraße. Dort sucht er sein Glück in den Abfällen der Drogenszene, zu Füßen einer jungen Frau mit strähnigem Haar und panischem Blick, sie soll hier Maria heißen. Namen gelten nichts in der Szene, das haben die Sozialarbeiter bei ihren

Kontaktaufnahmen gelernt: »Wer sich selbst nichts mehr wert ist, leugnet seine Identität. Hier haben die meisten Namen und Alter vergessen.« Maria steht mühsam auf, spricht vor der Peep-Show drei Häuser weiter einen Mann an. Ein paar Schritte ins Innere, ein paar flüchtige Bewegungen, der Job ist erledigt. Sie hat Geld für die nächsten Züge.

Messer sitzen locker

Nach wie vor sind die drei Betreuer allerdings übervorsichtig, wenn sie einen Patienten das erste Mal ansprechen. Crack ist ein Teufelszeug. Nicht nur, weil es Verfolgungswahn, Halluzinationen und Depressionen hervorruft. Das Zeug, das in kurzen Abständen eingeworfen werden muß, um einen run zu ermöglichen, eine Art Dauer-High mit kurzen Unterbrechungen, macht aggressiv. Wer einen Stein ergattert hat, schützt ihn mit der Handfläche gegen Wind, gegen Neider. »Der Stein gehört mir«, bedeutet die gebückte Haltung. Und: »Rühr mich nicht an.« Die kleinen Messer, mit denen Splitter von den Steinen abgeschabt und in die Pfeife bugsiert werden, sind schnell bei der Hand. Das ist Alltag hier am Bahnhof: ein kurzer Streit, ein rascher Stich, blutüberströmte Menschen. Kurze Lethargie. Dann wieder aufstehen, weitermachen auf der Suche nach dem nächsten Stein, dem nächsten Kick.

Crack führt zu Selbstüberschätzung, weil es bereits wenige Sekunden nach dem Lungenzug eine Art Lichtreflex im Hirn auslöst und den Abhängigen für die Süße einiger absurd kurzer Momente grenzenlose Stärke und Unbezwingbarkeit suggeriert. Und Crack macht auch gewalttätig, weil der Moment der Stärke so furchtbar kurz ist, den die rund 30 Mark für den winzigen weißen Stein dem Süchtigen schenken. Also heißt es: nachwerfen, nachwerfen, nachwerfen, und das ist teuer. Hier am Bahnhof tut man alles für ein paar Mark. Und weil

»alles« für ein paar Mark die absolute Demütigung des eigenen Ichs nach sich zieht, ist die Folge: erst Crack für den Kick, dann Heroin für das Vergessen. Wer mit Crack anfängt, landet meist beim Stich in die Vene.

Tom zieht weiter, vom Konsumraum hinüber zum Café Fix, vor dem vor allem die Mehrfachabhängigen auf der Straße sitzen, spritzen, rauchen, spritzen, rauchen. Dann weiter zum Bahnhofsvorplatz, wo die Servicemen warten, kleine Dealer mit Tragetaschen voller jener Utensilien, welche die wohlhabenderen Süchtigen mieten, um sich eine Nadel zu setzen, einen Stein zu rauchen. »Crack-Abhängige erkennt man an ihren abgelaufenen Schuhen«, sagt Pelle, der sich als Walk Man bezeichnet, als Straßenarbeiter, der »auf die Patienten zugeht«. »Sie sind immer auf der Suche nach einem guten Deal.« Und tatsächlich bleibt eine junge Frau bei ihm stehen, schmal, pickelig, noch erkennbar hübsch. Hier soll sie Lena heißen. »Kaufst du mir ein paar neue Absätze?« fragt sie Pelle, der sich mit Lena für den nächsten Tag verabredet. Auch das ist Teil der Übung: Termine machen, die eingehalten werden, Verläßlichkeiten üben. Vertrauen lernen.

Neben den Altabhängigen, die sich in ihren Methadonprogrammen langweilen und für einen kurzen Crack-Schocker in die Szene zurückkehren, sind es vor allem junge Mädchen aus kaputten Familien, Heimkinder, verwahrloste Jugendliche, Davongelaufene, die am Frankfurter Bahnhof stranden. Viele, so sagen die Sozialarbeiter, kommen aus dem nahegelegenen Bayern herüber, wo die Drogenpolitik auf Strafe und Abschreckung setzt und wo die Drohung mit der Einweisung in ein geschlossenes Heim gerade gefährdete Jugendliche in Panik versetzt. Also ab nach Frankfurt, in die offene Stadt. Nicht jeder, der hier untertaucht, nimmt von Anfang an Drogen. Wenn aber das letzte Geld weg ist und die Verzweiflung

naht, ist immer jemand da mit einer ersten Pfeife. Dann folgt
der erste Freier, der die paar Mark für die nächste Pfeife finan-
ziert, dann die »Sozialfreier«, die einen Schlafplatz anbieten.
Vor dem Konsumraum in der Niddastraße sitzt inzwischen
auch Lena, das Mädchen mit den abgelaufenen Absätzen. Sie
hat einen Stein ergattert, zündet ihn an. Ein kurzer Ruck wie
ein Stromschlag, dann Leere. Eine junge Frau hockt neben ihr
auf dem Fußboden vor der Eingangstür, einen adretten Ruck-
sack neben sich, die Haare noch gekämmt, der Körper rund-
lich. Eine Neue offenbar. Ob sie noch eine Chance hat?

Die Polizei läßt sich zwar regelmäßig blicken vor dem Konsumraum oder dem Café Fix, doch ihre eigentliche Arbeit gilt
nicht den Süchtigen. »Wir betrachten sie als Kranke«, sagt
Peter Öhm von der Frankfurter Polizei. Ihn wie viele Kollegen
ärgert vielmehr, daß sie den Dealern derzeit hilflos gegen-
überstehen. Vor Monaten hat das Oberlandesgericht Frankfurt verboten, daß mutmaßliche Dealer Brechmittel nehmen
müssen, um die Steine auszuspucken, die sie beim Anblick
der Polizei schnell heruntergeschluckt haben. Jetzt werden
die Verdächtigen ins Krankenhaus gebracht, wo man wartet,
bis die Brocken auf natürlichem Weg herauskommen. Mancher Festgenommene tritt in den Hungerstreik, wodurch sich
die Prozedur über Tage dehnen kann. Kürzlich hat ein Richter
zwei mutmaßliche Dealer laufenlassen. Es sei nicht mit der
Menschenwürde vereinbar, sie im Krankenhaus festzuhalten.
Die Zahl der überführten Crack-Dealer in Frankfurt ist seit
dem Verbot der Brechmittel um ein Drittel zurückgegangen.

Wie ein gejagtes Tier
Niddastraße, Moselstraße, Bahnhofsvorplatz, Taunusstraße –
Thomas und Joachim sind jetzt seit drei Stunden auf Tour.
Pelle hat eine Verabredung: Ein Patient wartet vor der Kauf-

halle. Er ist bereit, sich bei einem Kaffee zumindest mal über den Entzug zu informieren. Tom ist verschwunden. Maria hat schon wieder einen neuen Freier aufgetan. Diesmal wird der Job in einem Hauseingang erledigt. Ein Zehner wechselt den Besitzer, Bussi auf die Wange – und los zum Dealer am Bahnhof.

Den alltäglichen, tödlichen Kreislauf von Sucht, Gewalttätigkeit und Selbstaufgabe vor Augen, haben die Mitarbeiter des Crack-Projektes enormen Respekt vor der Horrordroge der neunziger Jahre. Mitleid, Nähe zu Patienten, private Kontakte verbieten sich. Wer hier arbeitet, braucht vor allem professionelle Distanz. Zum Beispiel für die Begegnung mit der jungen Frau, die im »La Strada«, einem Drogencafé mit angeschlossenen Schlafplätzen, auf Thomas wartet. Sie kann nicht mehr aufrecht sitzen, sackt immer wieder über dem Resopaltisch zusammen. Die Augen sind halb geschlossen, die Hand mit dem Butterbrot bleibt zwischen Tisch und Mund in der Luft hängen.

Das Mädchen, sie soll hier Sonja heißen, ist heute nicht das erste Mal im »La Strada«. Drei-, viermal schon hat Thomas sie hergelockt mit einem warmen Essen und der Aussicht auf ein sauberes Bett. Nie blieb sie länger als ein paar Minuten. Wie ein gejagtes Tier auf der Flucht drückte sie sich zur Tür hinaus, war verschwunden. Heute sitzt sie zumindest da und döst, müde nach einem langen Crack-Run. Thomas setzt sich zu ihr an den Tisch. Nein, er wird nicht die Polizei informieren. Nein, sie muß nicht zurück ins Heim nach Bayern. Ob sie zuhört? Ob sie versteht? Ob sie eine Nacht lang bleibt? Ob sie wiederkommt?

Süddeutsche Zeitung, *25. 8. 98*

Wahlkampf-Plakat der CSU im Sommer 98.

Die Gaststätte Donisl *ist zusammen mit dem* Hofbräuhaus
*Münchens größte Bierschwemme – ein wahrlich treffender Ort
zur Diskussion des Themas Drogen.*

Literatur

Da ich in meinem Text oft Autoren und Bücher genannt habe, die mir in den letzten Jahren sehr am Herzen lagen, möchte ich meinen Lesern mit dieser Auswahl Gelegenheit geben, das Lesevergnügen mit mir zu teilen.

BEDE GRIFFITHS, Göttliche Gegenwart

BEDE GRIFFITHS, Unteilbarer Geist

CHÖKYI NYIMA RINPOCHE, Das Bardo-Buch

LUIGI ZOJA, Sehnsucht nach Wiedergeburt. Ein neues Verständnis der Drogensucht

C. S. LEWIS, Über den Schmerz

KEN WILBER, Eros, Kosmos, Logos

KEN WILBER, Naturwissenschaft und Religion

KEN WILBER, Eine kurze Geschichte des Kosmos

ANNEMARIE SCHIMMEL, Mystische Dimensionen des Islam. Die Geschichte des Sufismus

ERNESTO CARDENAL, Das Buch von der Liebe

ALEXANDER KUPFER, Göttliche Gifte. Kleine Kulturgeschichte des Rausches seit dem Garten Eden

ALEXANDER KUPFER, Die künstlichen Paradiese. Rausch und Realität seit der Romantik

ALFRED SPRINGER, Kokain. Mythos und Realität

DANIEL GOLEMAN, Emotionale Intelligenz

HANS-PETER DÜRR, Physik und Transzendenz. Die großen Physiker unseres Jahrhunderts über ihre Begegnung mit dem Wunderbaren

DAS BUCH DER PREISUNGEN. Verdeutscht von Martin Buber

HANS-GEORG TÜRSTIG (Hrsg), Die Weisheit der Upanischaden. Klassiker indischer Spiritualität

PIERRE BOURDIEU, Über das Fernsehen

Teilhard de Chardin, Lobgesang des Alls

Sri Aurobindo, Das Abenteuer des Denkens

John Gribbin, Schrödingers Kätzchen und die Suche nach
der Wirklichkeit

David Steindl-Rast, Fülle und Nichts

David Steindl-Rast, Staunen und Dankbarkeit

Egon Friedell, Kulturgeschichte der Neuzeit

Konstantin Wecker
Und die Seele nach außen kehren

KiWi 327

„Konstantin Wecker ist ein musikalischer Triebtäter. Er ist
auch ein Schreibtäter, ein Anteilnehmer, ein Parteinehmer,
ein Freund."   *Dieter Hildebrandt*

KiWi Paperbacks
bei Kiepenheuer
& Witsch

Konstantin Wecker
Schmerzvoll lebendig
Die Gedichte
1963 – 1997

KiWi 327
Originalausgabe

„Als wäre ein neuer Klabund vom Himmel gefallen."

Hanns Dieter Hüsch

Erstmals in einem Band versammelt sind die Gedichte Konstantin Weckers, von 1963 bis heute, veröffentlichte und unveröffentlichte.

 Paperbacks bei Kiepenheuer & Witsch

Konstantin Wecker
Schmerzvoll lebendig

erscheint auch als Audiobook im
Hörverlag
Lesung mit Musik
Laufzeit ca. 70 Minuten

1 MC
24,90 DM / 187,00 öS / 23,40 SfR
ISBN 3-89584-441-1

1 CD
29,90 DM / 224,00 öS / 27,90 SfR
ISBN 3-89584-541-8

DER**HOR**VERLAG

Sprich leise, wenn du Liebe sagst
Der Briefwechsel Kurt Weill -
Lotte Lenya

Titel der Originalausgabe: *Speak Low
(When You Speak Love) The Letters of Kurt Weill
and Lotte Lenya*
Herausgegeben und übersetzt von Lys Symonette
und Kim H. Kowalke
Gebunden

Der Band enthält den gesamten unveröffentlichten
Briefwechsel; einen autobiographischen Text von Lotte
Lenya; Texte der Herausgeber, die als Doppelbiographie
zu lesen sind; 80 Photographien aus der Kurt Weill
Foundation sowie einen aufschlußreichen, sorgsam gear-
beiteten Anhang.

„Die Briefe von Weill und Lenya lassen einen wünschen,
hinauszustürmen und sich alle möglichen, noch ungehör-
ten Stücke von Kurt Weill anzuhören und dann die Straße
hinunterzuschlendern, während man die besten Stücke laut
und falsch vor sich her singt." *New Statesman*

VERLAG
KIEPENHEUER
& WITSCH